RICH
ARK

致富方舟

RICH
ARK
致富方舟

投資

—— Mind Maps For Investors ——

原力

布局 **4** 大類 **10** 年 **10** 倍股，
用當代價值投資成就複利人生

大江洪流總經理
姜昧軍
———— 著 ————

 方舟文化

《投資原力》
購書讀者限定特典

感謝您對方舟文化的支持。

為方便您查閱本書重點，構建屬於您的投資原力，

編輯部整理出各章心智圖電子檔（PDF ╱ Xmind），

歡迎下載使用。

掃描 QR Code 填寫本書問卷，

即刻獲得您的致富地圖！

https://forms.gle/myV13T8uG2Rjd6By5

投資成功的思維邏輯

「10 年 10 倍」是投資者都希望能高機率實現的績效，這需要投資者在資產配置和企業選擇方面具有清晰且系統的思維邏輯。

作者基於其 20 多年豐富和成功的投資實踐，提出了在週期性、消費品和硬科技 3 個行業中進行資產配置和企業選擇的思維邏輯方法。

對週期性行業中的企業來說，財務業績和股價波動是常態，因此，駕馭波動的能力是成功的關鍵，具體體現在擇時和擇股兩方面。擇時是指把握週期性行業中的企業股價波動的能力，並以此選擇買入時機，公眾投資者往往對週期性行業的企業財務業績波動反應過度。擇股是指識別週期性行業中強勢企業的能力，週期性行業中的弱勢企業容易陷入流動性困境甚至破產，而強勢企業卻可以趁機以低成本獲取資源和市場，強者恆強。

消費品行業中的企業應關注消費趨勢和品牌。例如，元氣森林創始人團隊敏銳地洞察到新生代飲品的消費訴求和趨勢，用心打磨產品並迭代，成就了這一新品牌。

對於硬科技行業中的企業來說，其核心競爭優勢源於保持技術領先。但技術門檻不高的硬科技行業企業往往容易遭受「五力」威脅，包括技術路線替代和潛在進入者的威脅，一些潛在進入者透過挖角和利用市場訂單、財務實力等優勢，實現技術追趕和超越。因此，硬科技行業企業需要關注其商業模式升級迭代能力，特別是研發和銷售模式，以及能否從「五力」（尤其是同一行業的公司間的競爭威脅、與供應商和購

買者討價還價的能力）中找到「五利」（尤其是利益相關者），拉開技術優勢，提高技術壁壘，提高市場份額。

　　本書關於上述投資思維邏輯的闡述通俗易懂，有助於引發投資者的深度思考，值得投資者借鑒。

朱武祥

清華大學經濟管理學院金融系教授

清華經管商業模式創新研究中心主任

主動投資管理人的敍事

　　作者姜昧軍從投資研發做起，後擔任保險公司的投資部總經理，再後來深耕於私募基金領域。作為積極投資管理人，他為投資人進行積極投資，本書展示了他在投資中所踐行的主張和方法，閱讀本書後，投資人可以輕鬆提升「投資原力」。書中以「投資原力」即投資人的能量場為起點，討論如何積極擴展能力舒適區，形成能力圈，再形成自己的獨特能力場，並比對現實市場來不斷調整自己的投資能力和投資效率。主動投資人認為：投資能力是控制風險的最好手段；波動是投資的成本；波動管理雖然可能會降低短期報酬率，但並不影響長期回報；風險的本質是投資能力弱和不能認識到自己的錯誤。

　　本書在資產配置方法上的論述非常出色，反映出了作者豐富的投資經驗。投資配置大道至簡，只需要在兩個方面進行探索：一方面是高波動的週期資產如何賺取「貝塔」收益；另一方面是高科技成長資產如何賺取「阿爾法」收益。作者認為此二者是一切投資超額收益的來源。透過宏觀論述配合簡單的凱利公式，作者就把高波動週期股的配置說清楚了，而「高科技＋商業模式」的論述更契合企業現實。

　　本書結合宏觀與微觀，實現詼諧與嚴謹並存，為主動投資人奏起了增添能量的樂章。

張平

中國國家金融與發展實驗室主任

目次
CONTENTS

1 Part One
投資的邏輯

第 1 章　投資的原點　014

第 2 章　認識市場波動　020

第 3 章　投資組合與投資風險　028

2　Part Two
10 年 10 倍股地圖

3 Part Three
捕捉 10 年 10 倍股的漁網和魚竿

序言

機構投資者是資本市場的重要力量，在資本市場中，在個人與機構以及機構與機構激烈博弈的過程中，優秀的機構投資人顯示出了良好的投資收益和風險控制能力，取得了卓越的投資業績。但目前流行的「抄作業」式的簡單模仿往往效果不佳，甚至事與願違，「沒趕上吃肉反遭暴打」的情況屢屢發生。知其然更要知其所以然，理解不同機構投資者整體的投資體系，相當於破解一家投資機構的核心密碼，這顯然要比機械式的抄襲更為有效。

機構投資者以其龐大的規模進行大手筆的投資，明星投資案例像在大海裡潛行的鯨魚，大部分時間我們知道它們的存在，甚至能夠感覺到它們近在咫尺，但在資本市場這個海洋裡，我們不能「全鬚全尾」地看到它們的全貌。往往在不經意間，鯨魚突然躍出海面，重達 30 噸的龐然大物在海面上騰空而起，濺起水花，我們才能感受到這種海中巨獸的力量。

本書根據我二十多年在證券、保險、私募基金等大型投資機構從事資產管理的經歷，以及我本人和大江洪流在投資理念和投資框架方面的實操經驗，嘗試展現機構投資人構建投資體系的邏輯和思維特點，希望能夠為個人投資者理解機構投資人提供一些線索。

從投資方法來看，雖然紛繁複雜，但大體分為兩類。一類是建立在與其他投資人博弈基礎上的，技術分析就是這一方法的集中體現。要在博弈中取勝，就要更快地掌握資訊，更深入地理解市場的走勢趨勢，洞悉億萬投資人的想法，以及「想法的想法」，從而形成自己獨特的投資策略，保證投資成功率。基於行為金融學等量化投資的思想也是博弈的

思路，是透過機器來對抗人的行為。

另一類是與上市公司共同成長，投資收益主要來自上市公司業績的增長，雖然也受到短期估值、市場情緒的影響，但是總體來說，對投資貢獻最大的仍然是公司長期價值的增長，表現為上市公司收入、利潤、資產規模、現金流等大幅度上漲。隨著時間的流逝，這些增長可以使公司在相當長的時間內保持競爭優勢，實現股東收益與公司發展雙贏的局面。在與優秀上市公司共成長的邏輯中，投資上市公司的理念、心態和邏輯跟投資非上市公司是一樣的，就是把自身作為上市公司股東，追求上市公司的長期發展。一家公司的短期發展往往是確定的，投資人對於上市公司的定價分歧往往源於對公司長期發展的不同判斷，只有經過時間的沉澱才能驗證誰的判斷更為準確，「潮水退了才知道誰在裸游」。因此，這類投資往往相對期限較長。時間對基於基本面的投資而言既是朋友，也是最大的敵人，因為，一旦判斷錯誤，過往的時間不會重來，投資人面臨的往往是時間與金錢的雙重損失。

做投資也要有實業心態，即長期與優秀上市公司共成長，其中的關鍵在於「優秀」。那麼，哪些公司具備長期增長的潛力？哪些公司又能夠承受競爭的洗禮，在激烈的競爭中保持強勁的動力？本書旨在透過分析中國和美國在過去 10 年中股價漲幅超過 10 倍的公司，給 10 年 10 倍的股票群體（也就是英文中常說的 tenbagger）畫一個畫像，看看它們具有哪些特點，能夠在 10 年的長期內給投資人帶來豐厚的回報。透過分析，我們發現，有 4 種類型的公司值得關注，它們的特點分別是滾雪球、泥石流、高週期和硬科技，這四個領域是有 10 倍股大魚的海域，值得投資人在這個海域「深耕細作」。

Part 1

投資的邏輯

一招鮮，吃遍天，投資原力貴在精深而不在龐雜。具體來看，對總體經濟經驗和產業供需關係的把握對於理解週期股至關重要，把握消費者心理和長期趨勢及商業模式的變遷是理解消費股的核心，對科技技術路徑的深刻理解是成長股投資的必殺技。無論哪一項核心能力，都是在投資中安身立命的看家本領。然不論是哪門哪派，哪一種方法，都是入門容易升級難，掛機容易打怪難，需要投資人在資本市場中長期的、真金白銀的訓練。

投資的原點

原力是思維原點

原力是《星際大戰》系列作品中的核心概念。原力是一種超自然的而又無處不在的神祕力量,是所有生物創造的一個能量場,同時也是絕地武士和西斯尊主兩方追求和依靠的關鍵所在。

我們提出的一個理念是,投資原力指的是投資的思維邏輯原點,也就是投資人做出投資決策的根本思維原點。投資原力跟投資標的的關係類似槍跟靶。當我們瞄準靶心,扣動扳機,如果子彈落點偏左或偏上,理性的行為是調整手中槍的準星位置和槍口方向,如果偏左,槍口方向就要略微向右,然後透過不斷試射積累經驗,最後做到一擊中的。

但在投資中,人們的做法往往相反,投資人經常輕易地開槍,如果

沒擊中，他們不調整人和槍，而是調整靶子，不斷用市場上流行的邏輯來為投資行為找到合理的原因，然後迅速射擊，直到把手裡的子彈全部打完。這樣一來，如果投資結果不好，投資人也無法矯正，更不能形成積累，浪費大量資金和時間，在諸多「解釋市場」的投資邏輯中打轉。

用於解釋市場現象的投資方法或策略的問題在於，其邏輯往往具有很強的時效性，在某段時間內跟短期市場變動非常切合，比如高送轉、次新股等，但頻繁使用大家就會發現，這種方法經常失靈，或者時靈時不靈。在這種情況下，統一的投資方法論就很難建立起來。投資的結果，或者說一段時間的市場表現只是投資的「靶」，方法論應從源頭入手，在投資邏輯上溯源，從根本上累積經驗，在市場變動中不斷優化投資能力。

投資能力是控制風險最好的工具

從投資本身來看，投資人是脆弱的，而且由於自身認知的局限性，投資人的脆弱性是不可避免的。基金行業喜歡使用「風險控制」這個名詞，但正是「風險控制」這個詞讓我們忽視了投資本身所面臨的險惡環境。

「風險控制」這詞背後的邏輯是：我們只要足夠謹慎、足夠勤勉就可避免令人痛苦的大幅虧損結果。我們甚至一廂情願認為，只要採取防範措施，結果就會向好的方向發展，即控制住「不好的」就是「好」。

但在實踐中，風險防控手段的多樣化並沒有改變投資本身脆弱的現實，投資人還是要時刻面臨損失風險，被動防禦往往令投資過程中的風險防不勝防。各種心理明示或暗示，或者因簡單設定沒有統一邏輯的指標，破壞了投資過程的一致性，反而使投資受到掣肘，投資能力受到了限制。投資初始的原力、思維的原點也在修修補補中幾經改變而面目全

非，雖然控制了大幅虧損的可能，但盈利的驅動能力也被極大地削弱了。

　　因此，只有將被動的止損防禦轉化為積極的投資能力建設，才能在波詭雲譎的資本市場生存下來。投資最大的風險是缺乏投資能力，也就是說，問題核心在射手，而不在靶。提升射手的能力，就是從源頭上提高精度，也就控制了最大的風險。總的來說，投資能力的建設是第一生產力，是投資結果最大的保證。

擴大能力的舒適區

　　聳立於美國優勝美地國家公園內的酋長岩（El Capitan）是攀爬愛好者心目中的聖地。這塊花崗岩以陡峭凶險著稱，幾近 90°的立面光滑無比，高達 916 公尺，徒手攀登幾乎是不可能完成的任務，攀爬者一旦掉下去，必死無疑。過去 40 年，有十幾人徒手攀爬酋長岩，其中一半都失敗了。

　　2017 年 6 月 3 日，美國人艾力克斯・霍諾德（Alex Honnold）在沒有任何保護、沒有攀爬夥伴的情況下徒手攀岩（free solo）約 4 小時，成為全世界首個成功徒手攀登酋長岩的人。每次徒手攀岩前，他都要先花上數週甚至數個月來設計線路、手腳順序和動作，才敢嘗試徒手攀岩。他從 2009 年開始，每年都考慮徒手挑戰酋長岩，但直到 8 年後的 2017年才覺得準備好了。為了準備這一天，霍諾德攀爬了酋長岩 40 多次。

　　他把徒手攀岩可能的後果和風險本身進行了明確區分。他說，雖然徒手攀岩摔下去的後果很嚴重，但這不等於摔下去的機率很高。

　　霍諾德說：「你不是在控制你的恐懼，你只是努力擺脫恐懼。人們都說要努力克服自身恐懼，而我從其他角度看待這問題。我透過反覆練習動作，來拓展我的舒適區。我會盡力消除恐懼，直到全然感覺不到恐懼。」

從霍諾德對待風險的態度中我們可以看到，風險跟後果完全是兩回事，基於後果的防守（比如止損）會使人喪失對風險來源的關注，從而弱化對風險的控制能力。風險的源頭在於能力的建設，舉例來說，一般的攀爬者在沒有絕對能力時，即使裝備再精良，為各種可能的情況做再多準備，都可能會出現意外的情形。

就像投資人在資本市場中的脆弱一樣，面對每一步都可能使人喪命的酋長岩，攀岩者本能地會做好全面的防禦措施，「如果……那麼……」的思維邏輯對於人的思維是一種極大的鉗制。事前基於恐怖結果的心理和裝備等防禦措施往往反而使得攀爬者喪失對攀岩的全力關注，甚至會低估危險或誤判自身能力。當投資失敗的後果是致命的、不可承受的，投資人的心態和行為就會發生變化，以致基於後果的理念和風控手段大多失效，從而往往出現最壞的結果。

當投資人直面資本市場的複雜性並對它充滿敬畏之心，反而會加強投資人對自身能力的關注以提高在市場中生存的機率。能力是防控風險最好的手段，也是控制風險發生機率的根本力量。霍諾德徒手攀岩，不借助任何外部設備，在經過 8 年 40 多次的嘗試後，他的恐懼感漸漸被能力提升所覆蓋，能力會帶來舒適區，從而使其完成不可完成的任務。在面對同樣不可控、後果嚴重的風險時，根本理念的區別會導致完全不同的結果。充滿敬畏，直面內心，提升能力，擴展舒適區，方得始終。

不賺能力圈以外的錢

撒哈拉沙漠地表溫度可達 70℃，少有已知陸生動物可在這種環境長期生存，但有種生物——銀蟻，能挑戰生存極限並專以被曬死的昆蟲為食。

正午時分，銀蟻出洞，要在 5 分鐘內完成分散覓食、發現食物、拖回洞穴的全過程。因為在正午的陽光下暴曬超過 5 分鐘，它們也一樣會死。那些死掉的銀蟻，大多死在將食物拖回去的路上。食物在手，家園在望，然而時間無情，那些捨不得放手的螞蟻，最終倒在了家門口。

投資能力跟銀蟻的 5 分鐘一樣，有一個挑戰生存極限的能力圈。超過這個圈的範圍，投資能力就呈指數級下降。投資中我們往往混淆了結果跟能力之間的關係，也就是弄混了射手跟靶之間的關係。這在心理學上被稱為歸因偏誤。個體和環境是心理發展的一對基本因素，而人類的認知過程本身就存在一定局限，很容易在兩者間產生偏誤。

當投資出現好的結果，不管它是偶然的隨機事件，還是投資能力的結果，投資人一般都會歸因於自身的正確判斷，而忽視了客觀資本市場的隨機性，往往會陷入過度的自信。賺不該賺的錢有時比虧損更可怕，因為它會讓我們誤認為我們的能力可以隨時「出圈」，或者我們的能力無遠弗屆，不受資本市場大市狀況等因素的影響。

銀蟻在沒有拿到食物的時候，會嚴格遵守 5 分鐘法則，因為它們很清楚，5 分鐘就是極限，超過這極限，生命就會受到威脅，但一旦拿到食物，由於認知偏誤，5 分鐘就變成了可以隨時突破的 5 分鐘，可以拼一把的 5 分鐘。超過能力圈的收益實際上是負收益，更應該令人警覺。

在投資中，由於資本市場的複雜性，分清楚射手、槍和靶的概念非常重要，收益來自射手和槍而不是靶；另外，理解打中靶心跟射手射擊之間的關係更加重要。若射手每每脫靶，即使一次命中靶心，他自己也清楚，這次命中可能運氣的成分更大，無須過度解讀。但在資本市場的實戰中，想把運氣跟能力分清楚仍非常困難。新手一開始就遭遇虧損是幸運的，因為虧錢是資本市場最真實的一面，是投資者正視自己最好的鏡子。

第一章
投資的原點

原力是思維的原點

1. 原力即投資方法論

2. 投資方法論與資本市場
└ 槍與靶

3. 正確處理方法論與標的
└ 調整槍,而非移動靶

投資能力是控制風險最好的工具

1. 樹立正確的風控觀

2. 主動風控勝於被動防禦

3. 主動風控的核心
└ 提升投資能力

擴大能力的舒適圈

1. 擴大能力的舒適區
└ 認清風險,而非焦慮於失敗

2. 從容應對風險
└ 提升投資能力

不賺能力圈以外的錢

1. 正確認識自己的能力圈
└ 不做曬死的螞蟻

2. 避免歸因偏誤
└ 分清能力與運氣

認識市場波動

風險並非源於波動,它只是策略與現實的背離

投資市場中的波動在所難免,就像海浪是大海自身的一部分,跟大海是無法分離的,沒有海浪的大海就不再是大海了。雖然幾乎所有的投資人都不喜歡波動,但是,正是資本市場的波動,才讓投資有了盈利的機會。進入資本市場的大海,投資人就是要習慣或者說忍受資本市場的波動,學會跟波動和諧共處。

一般認為,波動就是風險,即由於巨大的波動,投資人被迫清倉,機構投資人突破了設定的風險限額,最終沒有實現預定的投資目標。但是,我們認為,波動這一特徵在投資中更應該被視為成本,它跟真實的損失之間還是有本質上的區別的。也許波動是風險的表現,是風險的度量,二者

像是雙胞胎，但是，波動跟風險無論多麼像，終究不是風險本身。

我們認為真實的風險是跟投資原力和投資困境的概念緊密聯繫在一起的。給定一個投資的全過程，即我們的投資目標是抓住高週期股票的週期性機會，那麼，我們從總體經濟出發，透過情境分析窮盡各種宏觀情境，給定各種情境的機率權重，然後再根據凱利公式決定倉位和資產配置方案，最後，在市場中開始交易，持有高週期性公司的倉位。

在實際的投資過程中，如果宏觀產業變化朝著與我們的預期背道而馳的方向發展，或者我們根本沒有預測到可能發生的重大變動，那麼投資的結果就會背離原來預設的目標，甚至會大幅度虧損，這就是從投資原力到投資結果的全過程。

投資人可以回溯到初始的狀態，去復盤整個投資的過程，看看哪些環節出了紕漏，有什麼樣的教訓，未來如何改善。因此，從投資原力出發，檢視投資全過程，才能建立起一個投資研究的閉環框架，從而在投資過程中不斷地優化和進步。

波動是成本：投資即使做對方向，波動也讓目標難以實現

從投資的全過程來看，投資人即使對於高週期性股票的判斷是準確的，仍然面臨中間被「三振出局」的局面，這也充分說明了波動是投資過程的損耗，也許突破了投資人忍受虧損的心理底線，也許擊穿了機構投資設定的止損線、風險控制閾值，但無論是哪種情形，波動都是一種成本，在投資人無力支付而放棄前，它還不是真實的損失。一旦投資人付不起這麼高的成本，即使勝利在望，也會無奈出局。

高週期性股票具有高波動性，這是這類公司股票的普遍特徵。其股

價頻繁大幅度波動的根源在於投資人對於週期理解的分歧，並且由於高週期性行業跟總體經濟、產業政策、產業供需息息相關，這些因素的變動都是中長週期的。如果大宗商品週期來臨，經濟也處於上行階段，而大宗商品價格大幅下跌，往往意味著總體經濟處於下行週期，投資人甚至非投資人都能同步感受這類投資波動帶來的心理衝擊，投資人也容易受到周圍環境的影響，產生從眾的心理而輕易放棄。因此，逆週期投資的核心在於對於波動這種成本的認知。

下行的股票就像是空中掉落的刀，逆週期投資相當於要徒手抓住下落的刀柄，一旦出現失誤抓到刀刃，難免鮮血淋漓。逆週期投資也是逆人性的一種投資方式，人性趨利避害的特徵在劇烈波動的市場中往往使人隨波逐流，在低谷中大部分人都會選擇放手。投資人要在波動低谷中投資，不但要克服客觀上被「下落的刀」割傷的危險，還要忍受與「絕大多數」不一樣的孤獨和質疑，承受來自周邊大眾的心理壓力，這就是波動帶來的巨大成本。

回看上一輪高週期性大宗商品的高景氣週期階段，要回溯到 2006 ～ 2008 年，彼時大宗商品展開了 10 年以來最大牛市，從而帶動全球股市，包括 A 股大幅上行，A 股從最低點的 998 點一路上行至 6,124 點，以大宗商品為核心的週期性股票漲幅巨大，遠超過股市的平均漲幅。但好景不長，接下來大宗商品價格和股市就都進入了漫漫熊途，10 年過程中大宗商品的股價平均降幅也遠高於股市的平均跌幅，龍頭公司的股價甚至跌去了 95% 以上，這就是以大宗商品為代表的週期性公司股價的波動。

科技股跟大宗商品的波動的來源和特徵有所不同，由於科技研發的高度不確定性，公司對於科技走勢的判斷錯誤也有很大可能產生投資困境。投資人之間的分歧以及此類資產未來的不確定性導致表現在股價上

的波動也更大，投資心理成本也更高。

但從那斯達克的歷史來看，這兩類公司在過去創造了真實的價值，改變了世界，投資人也取得了高回報。能夠真正取得高回報的投資人並不多，因為其短期波動非常大，短期價格往往可以從上漲幾千倍到虧損98% 甚至完全清零。在 2000 年的所謂那斯達克大幅下跌中，大部分公司的跌幅都在 90% 以上，但經過 20 年，很多公司又上漲了幾十倍，有的甚至上千倍。在這個過程中，真正能夠完整取得高收益的投資人鳳毛麟角。

投資時間過短，只能賺了個寂寞

波動對於投資人的心理和資產的衝擊是巨大的，個人投資人往往由於巨幅波動而中途退出。從中國投資人的持股實踐來看，大部分投資人持股的時間都不會超過 1 年，有「七虧、兩平、一賺」的說法。究其原因，除了巨幅波動帶來的成本以外，投資人投資時間短也是一個重要的因素。

波動在短期體現的是投資人之間的巨大的分歧，而逆週期投資的核心理念是證明大多數人在這個時間點的判斷是錯誤的，所以逆週期投資人才敢於伸手去抓「下落的刀」。

在短期，所有人得到的資訊是一樣的，只是對未來的判斷不一樣，而這些判斷需要時間的沉澱才能證明真偽。資本市場短期是投票機，長期是秤重器。這個西方說法的意思是把投資比作一場秤重比賽，1 億多投資人分成多、空兩個陣營參與比賽，在上稱前大家各自選擇陣營並為自己的陣營拉票，覺得自己陣營的胖子多，體重大，也就是資產多，所以嗓門就大一些，但嗓門大的體重不一定大，這類似於短期投資。真正

的比拼是在體重秤上的較量，我們可以認為 1 億多人秤體重需要一兩年乃至更長時間，在沒有出最終結果之前，中間的過程還是比誰的嗓門大，市場仍更多地受到嗓門大、資產多的人影響。但隨著秤重進入尾聲，結果慢慢浮現，嗓門大的作用越來越微弱，結果還是以哪個陣營胖子多來決定，大家都不再聽嗓門大的人聒噪了，體重的硬實力成為大家判斷的主要依據，而一直不參與拉票，默默數體重大的人數的你才可能勝出，這類似於長期投資。

數體重大的人數顯然是逆向思維的核心。問題在於，即使你數得很準，對自己的判斷很有信心，你非常清楚，目前嗓門最大的、資產最多的、拉票能力最強的人在誤導他人，也沒有人會相信你的看法，畢竟秤重的進程剛開始，結果還不明朗，況且你的嗓門不夠大，你的聲音很快會被淹沒在人海裡。

如果這時你因為沒有人理會你的判斷就輕易放棄，那麼你在此之前數胖子過程中付出的辛苦和努力也將毫無價值。

無論是高週期性股票還是科技股，由於大家短期資訊的擁有量都是一樣的，每個人都有自己的看法，資金量大或人數更多的陣營發表的意見很可能是錯誤的，相當於秤重早期的拉票過程。但即使你非常聰明，能洞察秋毫，也要忍受相當長一段時間的寂寞，讓秤重的過程持續進行。隨著週期改變的信號慢慢出現，科技公司研發標誌性成功的事件公布，這個痛苦的煎熬時期才會慢慢過去，你才能驕傲地收穫資產的增長。

從目前投資人不到 1 年甚至少於半年的持股或者持有基金的時間來看，顯然投資人是無法等到秤重數字逐漸明朗的那個時刻。投資人在一年不到的時間內很難應對長週期波動的考驗，即使投資人在低點、底部建倉，但由於持股時間偏短，也很難實現理想的投資收益。波動對於個

人資產損失的心理衝擊是巨大的，這也是很多人做對了方向而沒有實現良好收益的主要原因。

機構投資人並沒有機制上的優勢，反而有一定的劣勢。因為機構資產受到一年一度考核的限制，保險公司受到償付能力等指標的限制，證券公司受到淨資本管理分類評級等考核的限制……其風控是由波動來定義的，忍受波動的能力很低，因此很難在經歷巨幅波動後還堅定持股。也有可能坐對了轎子，看對了方向，卻沒有等到獲得滿意的回報的那一天。投資存在脆弱性的特徵。

從近年的特斯拉股價表現來看，從 2020 年 2 月的近 1,000 美元下跌到 300 美元左右，又從 300 美元上漲幾倍到現在 1：5 拆股後的 670 美元（相當於拆股前的 3,350 美元），相當於從 2020 年 2 月先下跌了 70%，然後又上漲了 10 倍，很少有投資人能夠承受下跌 70% 這種痛苦，往往因為突破心理承受能力極限和風控指標報警而忍痛放棄，最終與 10 倍收益擦肩而過，承受二次暴擊的傷害。

與波動共舞：以消費類公司投資為例

消費類公司透明度高，短期業績清晰可見，長期才能決定成敗。因此，其波動普遍比較小，投資體驗較好，即使長期趨勢判斷錯誤，損失往往也有限，相對來說，其波動帶來的心理衝擊有限，成本小。只不過將心理成本變現需要忍受一段時間的寂寞，在這個階段裡，這類公司往往股價表現平平，想要取得超額收益，需要對公司產業有長期持股的信心。

這並不是說消費類公司由於波動成本小、投資體驗好就更容易在投資回報上獲得成功。消費類公司主要的成本體現在時間上，時間是投

人付出的主要成本。

可以這樣理解：消費類公司在秤重的過程中很難發生誤判，嗓門大的人也經常會對體重做出準確的判斷，從而建立威信。因此，市場的一致看法可能跟你的看法高度一致，甚至往往因為正確的人過多，已經沒有人拉票了，使得整體的投資過程顯得非常平淡。

投資這類公司想要取得成功，往往是以 10 年作為評判的標準。還是秤重那個遊戲，其他高波動的公司每年或者每 3 年秤重 1 次，大獎就可以落地，可以重新開獎。但在消費類公司，不再是比 1 年的體重，而是每年秤 1 次，連秤 10 年，數額累積最高的組別獲勝。短期雖然確定性強，但長期判斷難度是非常高的，要在一開始就能夠判斷 10 年的結果，顯然非常困難。

謀求短期投資成功非常困難，因為你跟大家的判斷一致，很難買到便宜貨。堅持 10 年，複利的神奇作用就會在消費類公司身上體現出來，大獎被一年一年推後開出，等到第 10 年，其累積的數額就已經很高了。如果你一開始就判斷正確，當然收穫不菲，但是如果判斷錯誤，也會陷入投資困境，當年的「小甜甜」10 年後變成了「牛夫人」，10 年的時間也就隨風逝去了。

投資這類公司的好處還是比較明顯的，因為過程中波動帶來的心理成本並不算大，所以無論機構還是個人都容易脫困，不太會被「套牢」。

MIND MAP

第二章
認識市場波動

風險並非源於波動

1. 資本市場的波動不可避免

2. 波動提供了投資盈利的機會

3. 應將波動視為成本，而非風險

4. 風險源於「原力」失效

└ 投資策略與宏觀走勢的背離

波動是成本

1. 當投資人無力承擔波動成本後，波動才會轉為損失

2. 波動作為成本在週期股中的邏輯

3. 波動作為成本在科技股中的邏輯

投資時間過短，只能賺了個寂寞

「七虧、兩平、一賺」的底層邏輯

└ 市場的巨大波動
　└ 投資時間短

與波動共舞：以消費類公司投資為例

1. 消費類公司的優勢

├ 波動小
└ 損失可控

2. 消費類公司的投資邏輯

└ 高勝算，積小勝，形成複利優勢

3. 消費類公司的投資大忌

└ 低勝算，白白浪費時光

投資組合與投資風險

　　投資缺乏足夠的驅動能力會導致投資困境，波動會帶來投資成本，波動成本透支也會陷入投資困境。這都揭示了投資作為一項風險極高的活動，要取得好的成績是異常艱難的。因此，要越過投資的浪高險灘，就要從提升投資能力和降低投資成本入手。

　　投資能力有風格固化的特徵，江湖之大，各大門派各領風騷。無論是指數、量化對沖、週期股投資，還是消費股、科技股投資，我們會發現，不同機構投資人形成了投資風格迴異的陣營，雖然分類標準尚有模糊的地帶，但是從他們的投資理念到投資過程結果，都已經形成了各自獨有的特徵，不同門派的投資人風格特徵明顯，不會輕易跨越各自門派的範圍。

投資研究團隊是分散風險的雙刃劍

投資人能力圈的形成是一個循序漸進的過程，它依賴於投資人的經驗，就像內功修為一樣，需要長年累月的積累。

機構雖然可以構建投資研究團隊，就像《射雕英雄傳》中「全真教」的第一任教主王重陽所創的天罡北斗七星劍陣一樣，七人可聯手往復，隨著陣勢變化，流轉不息，多人合作操練敵人，但要求每一個人有一定內功修為且配合默契，否則多人的優勢就發揮不出來，反而互相牽絆，能力內卷。在面對真正的頂級高手時，多人跟一人的區別並不明顯，全真七子的天罡北斗七星陣就差點被歐陽鋒蛤蟆功攻破，多虧老頑童及時出現，才挽救全真七子於危難。

在投資中，投資團隊發揮合力的機制其實更為複雜，背景各異、門派雜糅、經驗修為各異的投資人才在一起，專業語言如不能互通，內功練的都不是一個門派，則很難發揮合力。那種人多勢眾、大力出奇蹟的判斷是失之偏頗的。

即使大家都是「全真派」，練的都是「全真劍法」，都是出身名門、經驗豐富的豪華團隊，但也要合練天罡北斗七星陣法，多年分工磨合才能發揮作用。在《射雕英雄傳》裡，天罡北斗七星陣法的排列次序是：馬鈺位當天樞，譚處端位當天璇，劉處玄位當天機，丘處機位當天權，四人組成斗魁；王處一位當玉衡，郝大通位當開陽，孫不二位當搖光，三人組成斗柄。多年的合作使他們形如一人，被稱為武林第一陣法，這一陣法兩次戰敗都是由於人員不齊，缺了一人，威力大大下降。

因此，合理的現代投資研究組織要更具效率，同樣需要一起磨合多年，理念和邏輯一致才能發揮最大的作用。即使背景經驗能力類似，也

需要多年合作積累的默契，才能多人如一人，發揮團隊的合力。

一招鮮，吃遍天，投資原力貴在精深而不在龐雜。具體來看，對總體經濟經驗和產業供需關係的把握對於理解週期股至關重要，把握消費者心理和長期趨勢及商業模式的變遷是理解消費股的核心，對科技技術路徑的深刻理解是成長股投資的必殺技。無論哪一項核心能力，都是在投資中安身立命的看家本領。

巴菲特僅憑一個「滾雪球」的能力就可以獨步「武林」，索羅斯的全球宏觀能力使其在硬懟英格蘭銀行和東南亞經濟危機中一戰成名，羅傑斯因對大宗商品的週期把握精準而成名，方舟投資*和軟銀在技術革命創新投資領域獨占鰲頭。因此，無須全知全能，貴在技藝嫻熟。不論是哪門哪派，哪一種方法，都是入門容易升級難，掛機容易打怪難，需要投資人在資本市場中長期的、真金白銀的訓練。

分清雞蛋、鴨蛋、鵝蛋：標準正確才能真的分散風險

波動作為投資中無法避免的成本，需要格外加以關注，跟它的孿生兄弟風險一樣具有破壞性。一時的波動並不會造成永久性的傷害，在大海平靜的時候就要構建諾亞方舟，積極應對永遠好過被動防禦。

不把雞蛋放在一個籃子裡，源於大名鼎鼎的現代資產組合理論（modern portfolio theory，MPT），由諾貝爾經濟學獎得主馬可維茲（Harry Markowitz）提出。他認為透過構建相關性較低的不同資產類別的組合來達到平抑風險的目的，幾乎是唯一免費的風控工具。

---

* ARK Invest，是一家主要投資破壞性創新領域的基金公司。

這裡說的「免費」的含義在於，如果你不想承受投資過程中的不確定性（波動）和結果不確定（投資困境）的成本，是可以透過讓渡收益來實現的。

比如你朋友向你借錢做生意，賺了就翻倍，賠了就虧 20%，理論上你的預期收益是 40%，實際生活中一般我們會不願承受過程中提心吊膽的壓力，以及最終結果的可能帶來的損失，可能只要求對方給 10% 的固定回報，剩餘的 30% 就是對於波動和不確定性的讓渡。

在資本市場上，可轉換債券也是一類容易理解的、對波動和結果不確定性付出成本的投資品種，可轉債條款上是有保本承諾的，因此該投資過程中波動小，結果的不確定性也小，但轉股價要高於現時的股價，相當於把這部分股票收益讓渡給了發行方。

然而，簡單的分散是無效的，資產的不相關性才是關鍵。不把雞蛋放在一個籃子裡，我們把它改換成雞蛋、鴨蛋、鵝蛋不要放在一個籃子裡可能更易於理解，這裡的關鍵是對各種蛋的分辨。如果用同一投資原力建立起來的投資體系，即使都進行了有效的分散，其防範波動和風險的效果也不會很好。

舉例來說，投資人基於對宏觀的判斷，產業景氣週期的分析和行業的供給需求分析判斷高週期的一類公司具有投資價值，也在大宗商品石油、銅、鋁、鉛、鋅、鎳等品種的上市公司進行了布局，但是投資人會發現，由於它們都受到宏觀因素的影響，這些因素甚至是最重要的，反而產業和公司的影響是次要的因素，那麼雖然進行了分散，但是由於宏觀因素的變動，比如量化寬鬆、4 兆財政政策等宏觀政策會導致投資的一攬子股票具有同漲同跌的特點，平抑波動、提升投資體驗的預期就無法有效實現，心跳加速的感覺還是如影隨形，甚至可能還不如分散前的

狀態。

　　因此，分清楚投資的一籃子裡面是什麼蛋很重要，關鍵的區分方法是你這些蛋是從什麼地方撿拾來的。如果是從鵝場來的一定是鵝蛋，雞場來的就是雞蛋。投資原力是我們投資想法的源頭，如果是從總體經濟和週期出發，以捕捉指數大的週期和高週期性股票的週期底部來構建的組合，那麼可以認定為高週期類型的投資，姑且定義為雞蛋。如果是基於科技的演化路徑，基於對於醫藥、5G等高科技公司研發進展的瞭解以及未來需求爆發來構建的組合，那麼應該歸結為科技成長股的投資邏輯，我們這裡定義為鴨蛋。如果基於對白酒等消費品長期看好的邏輯，那麼應該歸結為大消費投資，我們這裡定義為鵝蛋。

　　雞蛋、鴨蛋、鵝蛋原始的投資邏輯不同，也就說明它們不受到同一因素的影響，例如：5G的應用跟醬油沒有關係，中美貿易摩擦再激烈，人們對醬油的消費不會受到影響。醬油的消費跟銅的消費關係不大，大宗商品再緊俏，價格哪怕上漲10倍，人們也不會把菜裡的醬油多放1倍，這就是我們所說的不相關。

　　不相關就會使籃子裡股票的波動不同步，尤其對於高週期和科技等「個性生猛」的股票，雞蛋、鴨蛋、鵝蛋的配置會讓整體的波動減少。雞蛋（高週期）在低谷的時候，鴨蛋（科技股）可能在高峰，正負抵消的效應會讓波動變得柔和，投資組合的回落得以控制。如果運氣實在很差，雞蛋、鴨蛋（高週期、科技股）都大幅度下跌，鵝蛋（消費）就起到了壓艙石的作用，因為消費股本身的特徵就是波動小。當然，如果趕上時運不濟，雞蛋、鴨蛋、鵝蛋也可能同時下跌，但我們要想到，這種機率要比只有雞蛋或者鴨蛋下跌的機率要小得多。

　　投資原力的理念在這裡再一次發揮作用，源頭上的投資想法決定控

制波動的效果。有效地控制波動對我們度過波動的「大風暴」來說，是非常重要的防禦手段。

細心的讀者會發現，這與能力圈的理念有一定的衝突，因為練成一派武功尚且難成，要求門門都精，跨越能力圈去減少波動，要求又提升了一個層級，如果能力不達，很可能適得其反。

投資人可能會陷入這樣的兩難境地，本來堅守雞蛋（高週期）還能有信心在波動中生存，因為投資人已經為可能的波動做好了準備，但是如果為了減少波動而建立的鴨蛋、鵝蛋的倉位，由於不熟悉、能力缺失，反而直接導致投資困境，減少波動的意圖沒有實現，反而造成損失。

我個人認為能力圈的理念仍然是最重要的核心理念，不能因為怕風險的孿生兄弟，而直接去招惹風險本身，這就本末倒置了，不能為了投資體驗好而甘願冒投資失敗的風險。

基金專家系統為什麼能戰勝風險

基金作為專家理財的方式，能夠在提升投資驅動能力跟降低波動成本這兩個維度上強化投資人的能力，也可以一定程度上解決「投資能力限制」跟「分散化投資降低波動成本」之間的矛盾。

基金作為專家理財的一種方式，專業人士的參與肯定會增加投資人在資本市場獲勝的機率，就像有了自動駕駛輔助系統，開車變得更加輕鬆愉快。但是，明確目標以及讀懂基金這種系統的說明書至關重要，使用不當，效果自然大打折扣。

我們可以把基金參與的投資看作一次風險很高的從美國出海到北太平洋的捕鯨活動。19 世紀中葉，捕鯨活動是高風險、高收益的商業活動，

運回的珍貴的鯨油在當時是稀缺物資，但是出海捕鯨風險巨大，差不多有1/3的船永遠都回不來，所以被譽為「把頭顱掛在標槍桿上的產業」。

也許你恰巧是經驗豐富的船長，可以獨自出海捕鯨，的確，當時很多家族式的捕鯨團隊，後來都成了美國富甲一方的大亨，天生的冒險精神成就了這些冒險家，捕鯨是這些家族發家的第一桶金。他們後來轉戰石油、金融等行業。面對風暴和巨鯨襲擊的風險，你需要有多年出海的經驗，經歷過大海的洗禮，才能在這項風險巨大的活動中幸存下來。

捕鯨行業的發展更多採取的是合夥和專業化分工的方式，也是美國目前公認的風險投資（Venture Capital，縮寫為 VC）的發源，其以固定加浮動的後端分成為核心的激勵方式，一直延續到當代矽谷和私募基金發展的全過程中。

基金參與的投資類似於一次遠洋捕鯨活動，基金管理人相當於船長，即在捕鯨活動中最重要的專業角色，在配置了大副、水手以後捕鯨船就可以出海了。

跟捕鯨活動不同的是，投資人是在船上，而不是在岸上跟漁船揮手告別，這就決定了在面對資本市場凶險浩瀚的大海時，投資人在船上的角色對於捕鯨活動的成敗至關重要，投資人可以在捕鯨的過程中隨時叫停，也可以要求返航，所以在船上的投資人跟船長和船員相互瞭解和配合，共同協作才能成功捕到鯨魚。

歷史上主要的捕鯨地點有4個，大西洋、太平洋、印度洋和北太平洋，每一個地點都需要非常專業的船長和團隊，而每一位船長的經驗都是不同的，所以瞭解船長的技能非常重要。

無論是公募基金還是私募基金，其核心能力都來自專業的投資團隊和投資能力，而我們根據投資原力的不同，又可以認為核心能力來自船

長所掌握的某個地區的專屬技能，像消費類、科技成長類以及大週期等方面的技能。理解不同船長的專屬技能非常重要，一個重要的原因是在投資過程中面對波動成本和投資結果高度不確定時，投資人和基金管理人憑著對「這片海域」的理解和團隊的信任，更容易配合默契，共同渡過難關。

在捕鯨過程中，海上可能出現各種突發的狀況，只有瞭解了船長駕馭漁船的能力和專業船員團隊的能力，才能在驚濤駭浪中處變不驚，並對過程中發生的損失有應對的能力。如果投資人在開始選擇船長船員時就能夠深刻理解，北太平洋之旅雖然更有可能捕獲鯨魚，但也會面臨更加險惡的海況，那麼他們就願意去選擇多次去往北太平洋、有多年經驗的團隊，這些團隊的協作會更高效。在真正面對巨大的海浪波動時，基於北太平洋航程的認識和對船長和船員的信心，在船上的投資人受到短期海上大風暴的影響有限，能夠理性面對凶險的海浪。

這一點就像我們在波動成本章前面提到的，即使投資人做對了方向，也很可能承受不了過程中的波動，從而無法實現投資的目標。如果投資人對於投資的投資原力和投資目標有清晰的認識，對於基金管理人在這方面的經驗有深刻理解，在真正面臨市場的波動和基金淨值的短期大幅度回落時，就會對波動成本和船長與團隊的能力有理性的信心，從而會大大減少因波動成本透支而選擇輕易放棄的雙輸結果。

更為重要的是，投資人在船上的重要性還在於，在到達捕鯨地點以及這個捕鯨週期結束後，投資人對於投資結果有客觀的認識和評估，為下一次合作奠定基礎，因此，同舟共濟、共享風險收益的所謂專家理財才會發揮最大的作用。

專家理財的作用還體現在突破「捕鯨海域」（即不同投資方向）能

力限制的矛盾。投資人如果是一個對北太平洋海域更在行的捕鯨專家，聘請在北太平洋海域捕鯨能力更強的團隊將有助於加強自己在該海域捕鯨獲勝的機率，取得更大的漁獲。

　　還有一種選擇是聘請長於大西洋海域的團隊來執行大西洋方面的捕鯨活動，而自己仍然專注在北太平洋海域。這樣既可以保證在這兩個海域上能力圈的覆蓋，又可以實現有效的分散，從而降低波動的成本，改善投資過程的體驗。

　　這裡我們需要提到捕鯨週期的概念，跟捕鯨一樣，投資原力跟投資結果之間有一個時間週期，不同的投資原力決定了投資週期是不同的。比如，高週期性股票，自從 2008 年到現在，差不多有 10 多年才有 1 個完整的週期；消費類公司在短期內其業績透明度高，長期的變動需要至少 2、3 年的時間，才能看到端倪；科技公司的週期相對複雜，規律性不明顯，但 1 年以內公司突然發生變化的可能性不大。

　　等宏觀週期或者公司的業績體現在股價上，每一種投資邏輯都需要相對長的時間。如果投資人中途要求返航，船尚未到達指定海域或者魚群還沒有來，則白白浪費了一次出海的機會。因此，投資的週期過短，基金的能力還沒有充分體現，其效果也會大打折扣。

　　想像一種情況，經驗豐富的船長帶水手配置齊全的漁船出海捕魚，但投資人可以跟遇到的別的漁船上的投資人玩猜拳，誰輸了就把漁獲給對方。在這種情況下，不論船長經驗多麼豐富，水手多麼勤勉盡責，最後的結果顯然更多取決於猜拳的結果，短期的申購贖回，頻繁操作類似在市場中猜拳，最後的業績跟專業團隊的作用關聯度並不大。

第三章
投資組合與投資風險

投資研究團隊是分散風險的雙刃劍

1. 武林第一陣法：天罡北斗七星陣 ── 系出名門，多年分工與磨合
└ 但兩次敗北，只因人不齊

2. 歐陽鋒一人便可破全真七子陣法

- 巴菲特→滾雪球獨步「武林」
- 羅傑斯→以對大宗商品週期的精準把握著稱
- 索羅斯→全球宏觀能力見長

3. 無須全知全能，貴在技藝嫻熟 ── 把握原力
└ 週期類行業：總體經濟和供需關係
└ 消費類行業：消費心理、長期趨勢和商業模式的變遷
└ 科技類成長股：對技術路線的深刻理解是核心

分清雞蛋、鴨蛋、鵝蛋：標準正確才能真的分散風險

1. 原力是驅動資產價值變化的力量 ── 盈虧同源：原力亦如此
└ 以原力為維度定義風險

2. 風險和波動是兩兄弟 ── 風險是損失
波動是成本

3. 面對風險，積極應對好於被動防禦

└ 免費的工具：構建投資組合
└ 組合的作用
└ 透過讓渡資產間的收益，規避投資過程與結果的不確定性
└ 具體的操作
└ 基於原力劃分標的資產
└ 基於原力的相互關係構建資產組合

基金專家系統為什麼能戰勝風險

1. 專家理財工具 ── 強化投資人能力
└ 提升投資驅動力
└ 解決投資能力限制
└ 降低波動

2. 讀懂產品說明，使用不當效果會大打折扣

正確認識估值

　　曾經有投資人問蒙格，買股票，股價應該多少合適？蒙格回答道，是否有能力回答這個問題就解釋了為什麼有些人投資成功了，而有些人沒有。不過話說回來，要不是這個問題有一點難度的話，每個人都會變得有錢。

葛拉漢式投資：「便宜就是王道」的時代過去了

　　早在巴菲特的老師葛拉漢時期，估值就成為價值投資的一個代名詞和最重要的投資標準。

　　價值投資作為一種投資理念，成為個人及機構投資普遍接受並廣泛運用的主流投資理念，始於班傑明‧葛拉漢（Benjamin Graham）。巴菲

特的老師班傑明‧葛拉漢 1934 年年底出版的《有價證券分析》（*Security Analysis*）開創了以價值投資作為投資理論的全新的時代，該書和其後出版的《葛拉漢談財務報表》（*The Interpretation of Financial Statements*）以及 1949 年出版的《智慧型股票投資人》（*The Intelligent Investor*），奠定了葛拉漢作為證券投資業一代宗師的地位。

巴菲特作為葛拉漢的弟子，取得了比老師更為輝煌的成就，也讓價值投資的理念發揚光大。現代投資機構，尤其是以股票多頭策略為核心業務的機構投資人，透過財務報表分析、估值等一系列的專業化分工，讓證券投資像「生物學家解剖青蛙」那樣成為一門科學，管理上千億、上兆美元大規模資金的投資機構應運而生，可以說價值投資是現代投資機構的理論基石。

仔細觀察以價值投資為核心理念的證券投資機構，我們會發現其具體的投資策略差異顯著，價值投資的創始人葛拉漢和其弟子巴菲特的投資方式也大相徑庭。不同時代、不同資本市場的宏觀和企業微觀環境，或者說同一時期不同投資者所採取的投資策略完全不同，雖然這些機構都把價值投資作為公司主要的投資理念。

價值投資理念在具體運用時可以細分為葛拉漢價值投資、巴菲特價值投資，雖然二者都同樣關注公司經營和財務數據，但是由於關注的焦點不同，其本質已經大相徑庭，投資的標的公司也千差萬別。

葛拉漢價值投資核心理念是尋找便宜貨，核心的指標是安全邊際。葛拉漢寫作《有價證券分析》的時期，正是美國資本市場低潮，在經歷了 1929 ～ 1933 年的經濟大衰退和股票市場崩盤之後，投資人對資本市場的信心遠沒有恢復，大蕭條給很多投資人留下了一生的陰影。始於1929 年 10 月 25 日的這場股災被後來的人們形容為「屠殺百萬富翁的日

子」，並且「把未來都吃掉了」，股指最大跌幅達到創紀錄的 89.38%。在危機發生後的 4 年內，美國國內生產總值下降了 30%，投資減少了80%，1,500 萬人失業。1934 年，股指雖有所上升，但距離高點跌幅仍然高達 75%，一直到 14 年後的 1942 年資本市場才重新進入持續的牛市行情，危機發生 26 年後的 1955 年美國股市才爬回 1928 年的高點（見圖4-1）。毫不誇張地說，大蕭條影響了整整一代人的投資理念。

圖 4-1　葛拉漢時代的道瓊指數

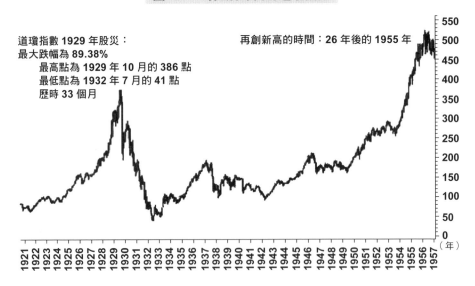

道瓊指數 1929 年股災：
最大跌幅為 89.38%
　最高點為 1929 年 10 月的 386 點
　最低點為 1932 年 7 月的 41 點
　歷時 33 個月

再創新高的時間：26 年後的 1955 年

1934 年葛拉漢提出的價值投資受到當時市場環境避險情緒的極大影響。當時美國資本市場 1/3 的美國工業企業都在以低於清算價值的價格出售，許多公司的股價比它們銀行帳戶上的現金價值還低。關注公司重置成本，尋找便宜又有安全邊際的股票是葛拉漢價值投資的核心理念，並且取得了巨大的成功。

葛拉漢價值投資理念所聚焦的這類股票在股市低迷時比較常見，投

資者很容易根據葛拉漢價值投資標準，即低於公司淨資產 2/3 的價格買入股票，而這種機會在行情平穩或者上漲時投資機會很少見。

葛拉漢作為一代投資大師，揭示了價值投資核心理念，即公司是有價值的，股票價格只是公司價值的一種表現方式，相對於股票價格，內在價值屬另一個價值體系，這兩個價值有時候相同，有時候又存在巨大差異，「遛狗理論」對這種關係有精闢的分析。

遛狗理論是安德烈‧科斯托蘭尼先生（André Kostolany）提出的，「有一個男子帶著狗在街上散步，這狗先跑到前面，再回到主人身邊。接著，又跑到前面，看到自己跑得太遠，又折回來。整個過程，狗就這樣反反覆覆。最後，他倆同時抵達終點，男子悠閒地走了 1 公里，而狗走了 4 公里。男子就是公司的內在價值，狗則是股票二級市場交易價格」。

根據葛拉漢價值投資理論，既然公司資產是有其獨立於股票二級市場的「內在價值」的，那麼透過仔細研判公司財務數據，精準衡量該價值，二級市場交易價格這隻「狗」終會回到主人的身邊的。

巴菲特最初的實踐：葛拉漢價值投資的一次不成功的嘗試

採用葛拉漢價值投資方法，投資者即使尋找到了交易價格低於其淨資產 2/3 的投資標的，公司也很有可能存在重大價值毀滅的因素或者面臨一定機率的破產威脅（除非是因為其他投資者發生誤判導致交易價格偏離），而識別這類風險以及準確評估假設破產後公司的資產重置價值，才是葛拉漢價值投資方法成功的關鍵。

根據老師的理論投資的巴菲特第一次買入波克夏的股票，是在 1962 年 12 月 12 日，巴菲特以大致 8 美元的價格買入該公司股票，而當時公

司淨資產大致是 16.5 美元左右。1965 年 4 月，巴菲特合夥企業成為波克夏的控股股東。1985 年，巴菲特關閉了波克夏的紡織業務。巴菲特在 1985 年致股東的信中這樣寫道：「我們面對一個悲慘的抉擇。紡織業務門檻低，競爭激烈，而且有國外同行低成本的強力競爭。儘管波克夏的紡織業務有優秀的管理人員，仍然不行。」巴菲特在評價這一投資行為時用了這樣一句話：「那是一個極其愚蠢的決定。」

以撿便宜貨為核心的葛拉漢價值投資方法遇到前景堪憂、持續萎縮的紡織業務，便宜＋精確估計公司資產價值的方法仍然失效，並導致巨大損失，這成為巴菲特投資輝煌歷史上一次最著名的失敗投資案例，按照當前的市場行情，公司固定資產雖然可以被精確估計，但如果一個行業處在持續的衰退或者重大危機中，當前資產的價格很難按照市值變現，估值最終就像夏天裡的冰淇淋一樣慢慢融化。

中國股市的便宜貨不多

A 股符合葛拉漢價值投資理念的投資標的不多，因為從 2000 年到 2019 年的 19 年的時間內，A 股整體平均股價淨值比最低為 1.3 倍，最高高達 7 倍，在 A 股市場上撿便宜貨機會不多（見圖 4-2）。

由於中國總體經濟發展遠高於世界的平均水準，新興加轉軌的市場特徵與葛拉漢時期大蕭條的背景不可同日而語，即使巴菲特模仿葛拉漢的投資方法，以估值為核心撿便宜貨，但由於時代背景已經千差萬別，美國經濟已經走出困境，結果也會非常不盡如人意。尤其進入 21 世紀，科技網路帶動經濟增長，新的商業模式層出不窮。公司發展的核心資產不在土地、廠房和機器，而是品牌、人和商業模式，以淨資產為核心的

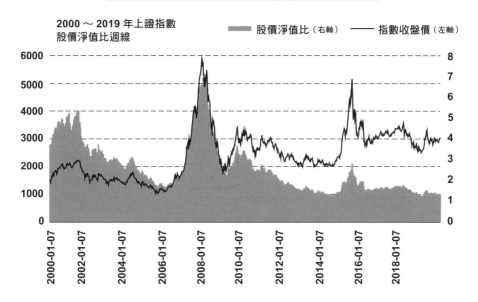

圖 4-2　2000 ～ 2019 年上證指數股價淨值比

估值模式不能評估當前主流的資產的價值。更為重要的是，這輪科技網路帶動的技術革命和商業模式創新，其發展初期往往是虧損的，甚至是巨額虧損，並且虧損多年。因此，即使巴菲特式的價值投資的估值模式，關注公司的股東權益報酬率（ROE）、本益比等基於公司長期盈利能力的估值指標，在當前主流的投資中，也捉襟見肘，適用性大幅度的降低，市場需要新的理念來評估上市公司尤其是科技和商業模式驅動的成長股的價值。

過去 11 年，成長股完勝價值股

從過去 10 年的全球股市表現來看，最顯著的特徵就是科技股或者說成長股異軍突起，成為最大的贏家。回望金融危機結束以來的美股市

場，長達 11 年的歷史最長牛市，可以說是其最醒目的注腳。

2007 年 8 月美國次貸危機全面爆發，2008 年 9 月雷曼兄弟破產，最終演變為嚴重的危機席捲全球。在金融危機期間，標準普爾（標普）500 指數巨幅回落 56.8%，成為美股百年歷史第三大幅度的下跌。此後，隨著美國政府入場救市，美國財政部注資乃至接管大型金融企業，聯準會啟用包括量化寬鬆等多種危機工具，美股最終於 2009 年 3 月見底。此後，美股開啟了長達 11 年的歷史最長牛市，直至 2020 年 2 月在新冠肺炎疫情衝擊中結束。其間，標普 500 指數大漲 400%，僅次於 1990 年 10 月～ 2000 年 3 月的 417%。從最低點到 2021 年 3 月 9 日，標普 500 指數漲幅為 4.81 倍，並繼續演繹上漲態勢。

那斯達克指數的漲幅更加驚人，如果從最低點的 1265 點算起，到今天累積漲幅 9.3 倍，遠遠超過標普 500 指數的漲幅。從指數的變化可以看出，從 2009 年開始，美國股市就進入了一個超長的繁榮時期，整體指數都處在大幅上漲的牛市過程中。

其中，以那斯達克市場為代表的科技創新類公司股價更是得到投資人重點關注，漲幅遠遠超過了標普 500 指數成分公司的平均水準，成為過去 12 年最大的贏家（見圖 4-3）。

長達 11 年的歷史最長牛市中，成長相對價值持續占優，科技成長風格極致演繹。

自 1975 年以來，成長股和價值股就呈現週期波動的特徵，各領風騷 5 ～ 10 年，但進入 1998 年以後，一直到 2021 年，除了 2008 年金融危機前後價值股短暫占據上風，其他時期成長股完勝價值股，創造了長達 20 多年的成長股占優的超長紀錄（成長股收益與價值股收益之比見圖 4-4）。

同時，尤其是到了 2008 年之後，成長股不但戰勝價值股，二者之

間的收益率差距也越來越大，標普 500 指數跟標普 500 資訊科技指數之間的收益率差距也越來越大，這個趨勢在 2020 年疫情之後更加顯著。

　　就中國而言，雖然中國整體 A 股市場的本益比並不是特別高，但行業、板塊之間的差異歷史罕見，跟美國一樣，中國價值股和成長股的估

圖 4-3　那斯達克市場的輝煌 12 年（2009 ～ 2021 年）

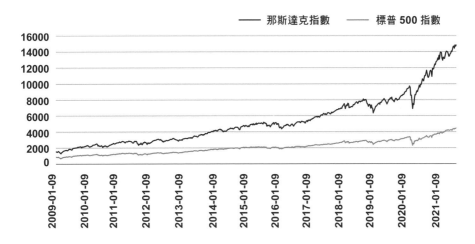

圖 4-4　美國成長股與價值股收益之比（1975 ～ 2020 年）

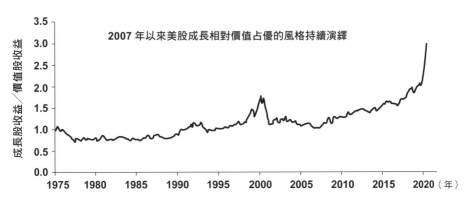

資料來源：Wind，國盛證券研究所。

值差距也已經達到了歷史最高的水準，尤其科創板的設立和註冊制的放開激發了投資者的熱情，創業板在 2020 年大漲 66%，但 A 股綜合指數只上漲了區區 12%，兩者差異明顯。

從估值上看，創業板、科創板 100 倍估值以上的公司比比皆是，創業板整體平均估值達到 70 倍以上，反觀滬深 300 指數，估值還在歷史中位數左右的水準，整體估值在 25 倍左右，甚至銀行地產的估值在歷史最低的 10% 分位水準。

成長股估值：高但有邏輯支持

截至 2021 年 1 月，特斯拉、蘋果、Facebook、谷歌等熱門公司的股價均創造了歷史新高，目前美國那斯達克市場的估值處於 2000 年以來的最高值，如果剔除 FAANG* 以及特斯拉這幾家科技創新類公司的股票，2020 年美國的指數是下跌的，可以說美國股市出現了幾家科創公司帶動整體股市的現象（見圖 4-5）。

估值作為投資的重要因素，無疑非常重要，甚至可以作為投資中最重要的因素獨挑大梁，撐起價值投資的大廈。但在當今科技創新日新月異及全球化的背景下，在動盪的商業環境以及新技術驅動的商業模式不斷推陳出新的新經濟格局下，估值作為投資重要的技術不再具有「一票否決」的能力，反而成為我們觀察公司價值的一個視角和窗口，結合產業「賽道」及公司價值創造原力，以尋找價值被低估的「明日之星」。

---

* FAANG 是美國市場上五大最受歡迎和表現最佳的科技股的首字母縮寫，即社群網路巨頭 Facebook（FB）、蘋果（AAPL）、網路零售巨頭亞馬遜（AMZN）、串流媒體影音服務巨頭網飛（Netflix，NFLX）和谷歌母公司 Alphabet（GOOG，GOOGL）。

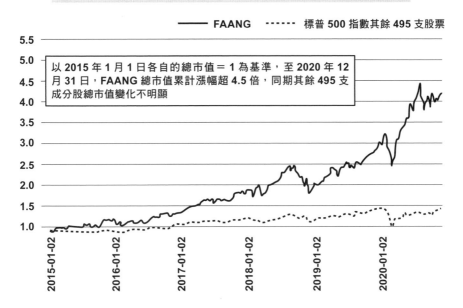

圖4-5 去除 FAANG 的標普 500 指數與 FAANG 的走勢對比

—— FAANG　　····· 標普 500 指數其餘 495 支股票

以 2015 年 1 月 1 日各自的總市值＝1 為基準，至 2020 年 12 月 31 日，FAANG 總市值累計漲幅超 4.5 倍，同期其餘 495 支成分股總市值變化不明顯

當前成長股估值具有合理性：新業態顛覆估值模式

我們這裡給以科技網路公司為代表的成長股在估值方面提供一些理解的框架，不構成任何投資建議或者意見，讀者可以結合自身的經驗做出判斷。

在為特斯拉估值時，摩根士丹利（Morgan Stanley）分析師亞當・喬納斯（Adam Jonas）把特斯拉的不同業務分開進行研究。他給予特斯拉股票目標價每股 880 美元，但他認為特斯拉的汽車業務僅值每股 345 美元，這相當於該公司汽車製造特許權的價值約為 3,450 億美元，對特斯拉汽車業務價值的估算只占喬納斯給出的目標價的 40%，另外一部分來自該公司的軟體和服務業務。其中，電池供應業務（儲能業務）價值約 1,000 億美元，自動駕駛計程車業務價值約 770 億美元，備用電池供電業

務價值約 750 億美元，保險業務價值約 360 億美元。

　　為亞馬遜估值的邏輯跟特斯拉一樣，投資諮詢公司 Rock and Turner 的 CEO 兼股票分析師詹姆斯・伊曼紐爾（James Emanuel）認為，可以將亞馬遜的各個部分分別進行評估，然後加總，即可以把亞馬遜業務分成 6 大收入來源，包括網路商店、實體商店、第三方零售服務商、零售訂閱服務、亞馬遜雲端服務（AWS）、行銷服務及其他。截至 2021 年 1 月 18 日，在亞馬遜的 1.58 兆美元市值中，僅 AWS 業務就可獲得超過 9,300 億美元的估值。這意味著，僅這一個業務就可以使其成為與微軟、蘋果和 Alphabet 等公司並列的全球市值最高的公司之一。換句話說，亞馬遜業務中價值最大的還不是線上商店業務，AWS 作為後來孵化的新業務，已經後來者居上，在亞馬遜估值中占據核心地位。

　　從以上兩家公司的估值分析中我們可以看到，當前的成長股的估值跟我們熟知的估值模式大相徑庭。根據現金流貼現（DCF）模型，一個上市公司的價值是由當前業務價值和當前業務未來的成長機會價值確定的，由於成長股其增長的速度更快，可以被給予更高的估值，這體現在公司的本益比和股價淨值比指標上，但一切估值的基礎來自對當前業務價值的分析和認識，公司的業務價值取決於目前的業務構成，分歧可能來自未來業務增長率的高低以及實現的可能性。

　　對當前美國成長股估值偏高的一個主流解釋，將其歸因於當前全球的低利率環境，因為無風險利率越低，相應的估值也就越高。在經典的估值模型中，無風險利率位於分子上，新冠肺炎疫情後，聯準會大幅降低利率至接近零的水準，同時對於企業估值而言，無風險利率也大大降低，由此抬升了企業估值。按此邏輯，目前較高的 FAANG 估值中包含了低利率的因素，而不僅是市場對當期業務和盈利的高度預期。但是，

美國不可能永遠保持低利率，因此，我們可以認為當前高估值不能被低利率環境完全解釋。

對於前面我們提到的特斯拉和亞馬遜，傳統的估值模式顯然對其並不適用，因為估值的基礎即現有的業務已經處於高度的變動之中。現有的業務，未來增長率無論如何估計，都不足以對現有的價格進行合理有效的解釋。對於特斯拉這個解釋的力度甚至低於 40%，這在亞馬遜上市的時候也一樣發生，因為無論如何計算，單憑賣書這個業務，亞馬遜也不足以支撐當年的股價。2000 年的 6 月 22 日，29 歲的雷曼兄弟債券分析師拉維・蘇里亞（Ravi Suria）判斷，亞馬遜將在 1 年內燒光所有現金，亞馬遜的商業模式從根本上就行不通。這篇報告直接導致亞馬遜的股價較之前的高點跌去了 90%。

然而到了今天我們可以看到，亞馬遜的商業模式是一個動態的過程，從圖書到化妝品，再到整個零售，而後到物流、雲端服務以及現在的無限可能。

因此，對於當前成長股估值居高不下的現象，投資人應該認識到基於行動網路的科技公司，其業務有巨大可塑性，汽車製造公司可引入軟體、保險等業務，一家賣書的公司也可從事科技巨頭的核心雲端服務領域，並成為行業翹楚。在今天現在看起來，很多天方夜譚的構想都可能實現。原來傳統的二階段估值模型被證明存在改進的空間，這些新公司的新業態是我們此前並不熟悉的，它們的高估值具有一定的合理性。

估值過高的消費股，相當於爭搶煮熟的豆子

跟美國不同的是，A 股消費類公司作為典型價值型的公司，其估值

可以跟科技股相媲美，白酒、飲用水、調料、食用油等典型的消費股估值也可以達到 50 ～ 100 倍區間，這一點是中美股市非常不一樣的地方。

從消費類公司來說，由於其產品和服務能夠被大部分的投資人切身感受到，也就是透明度比較高，因此投資人能夠對公司的當前業務價值有充分的理解，其估值往往已經體現了當前可見的增長，很少會出現大幅度的低估。

人口結構以及人們口味、時髦流行的趨勢，短期雖然變化不大，但長期變動很可能是顛覆性的，估值已經體現了當前可見的增長，投資人必須發現或者承擔更樂觀的假設，相當長的時間裡，他們必須像獨自釣魚的人一樣忍受煎熬。

估值過高的滾雪球型的公司，相當於煮熟的豆子，即使選定了最好的品種，但仍然不會發芽。高估值會極大地侵蝕消費股的投資回報，消費股穩健增長的特徵使其很難出現爆發性增長，如果估值過高，就極大透支了消費類公司未來多年的增長潛力，投資人也很難獲得預期回報。消費類公司估值越高，陷入投資困境的可能性越大，對投資人造成的傷害越大。

極少數能發芽的豆子的案例歸因於認知的革命性重塑，比如可口可樂每天全球銷量高達 16 億瓶，但絕大多數消費股並不具有可口可樂的能力。如果估值過高，透支了消費股本身的增長的能力，投資人的回報就會堪憂。

高週期股：估值不重要，關鍵還是對週期的把握

高週期性行業的估值在投資中起到的作用並不特別明顯，估值並不

是高週期性行業的指路燈塔，反而過於關注估值容易陷入投資困境。

估值的邏輯是對公司業務未來現金流的折現的估計。由於高週期性行業週期的底部跟頂部基本是地獄和天堂的差別，因此，高週期性行業投資人對未來預期往往會出現巨大的差異，也導致公司股價大幅度的波動。公司業績由週期低谷轉向業績改善，當前高週期性公司業績進入了上升的週期，這時公司盈利雖剛剛有所改善，但是仍處於行業低谷期，導致公司本益比處於歷史高位；而當公司本益比在高峰期轉為下降，公司仍處在盈利高峰，公司的本益比反而處於低位。

因此，在高週期性行業內，本益比越低，很可能反映當前投資風險越大。因為股價還沒跟隨行業從高峰轉向低谷的週期過程而調整，但是一輪行業高峰期已經過去，未來隨著盈利下降，投資人不斷改變預期，股價將進入熊市；而本益比高，往往代表當前處於盈利的最低谷，如果盈利持續改善，反而有利於投資。

如果本益比不適用，是否股價淨值比是更好的估值指標？我們認為，即使採用股價淨值比，其適用性也有限制。高週期性行業低谷時期的股價淨值比往往低於 1，顯示行業供過於求，當前的資產低於公司的帳面價值。但是，高週期性行業週期往往相對比較長，行業產能出清的過程比較緩慢，資本市場波動又非常大。很多資產雖然股價淨值比低於 1，但是最低的時候甚至會出現 0.5 以下乃至更低的極低估值，根據估值投資高週期性行業，可能會損失效率，同時很可能遭受極值的傷害，在低估值時期出現大幅度虧損，有些公司還有破產風險，這些都使得單純根據股價淨值比投資危險重重。

第四章
正確認識估值

葛拉漢式投資:「便宜就是王道」的時代過去了

- 那個時代已經不存在了
  - 前所未有的大蕭條
  - 股票價值低於 2/3 的淨資產
  - 極端避險情緒
- 但他揭示了價值投資核心理念——公司有價值,股價是價值的一種表現形式

巴菲特最初的實踐:葛派價值投資的一次不成功的嘗試

- 1. 重置價值法是葛派價值投資成功的關鍵
- 2. 以此邏輯買進波克夏的巴菲特經歷了最著名的一次失敗

中國股市的便宜貨不多

- 1. 過去 20 年能運用葛派理論的投資機會很少
- 2. 關注長期盈利能力的投資方法也顯捉襟見肘
- 3. 市場需要新的理念來評估上市公司估值

過去 11 年,成長股完勝價值股

- 美國
  - 2009 ～ 2020 年歷史最長牛市
  - 11 年長牛成長風格完勝價值風格
  - 未出現過風格切換
- 中國
  - 成長股與價值股估值差異達到歷史最高
  - 地產、銀行股估值處於歷史最低的 10% 分位

成長股估值:高,但有邏輯支持

- 1.2015 ～ 2020 年標普 500 指數前 5 大公司市值上漲 2.5 倍
- 2. 其餘 495 家公司市值基本沒有變化
- 3. 技術驅動的商業模式不斷推陳出新
  - 科技創新日新月異
  - 全球化背景下動盪的商業環境

當前成長股估值具有合理性：新業態顛覆估值模式

冰山可見部分不到 **40%**

- 特斯拉
  - └ 汽車業務占估值的比例不 40%，其餘超過 60% 由儲能業務、自動駕駛計程車、備用電池供應及保險業務構成
- 亞馬遜
  - └ 估值由 6 部分構成：線上商店、第三方零售服務、零售訂閱服務、AWS 和行銷服務及其他
  - └ 估值權重最高部分源於 AWS，接近 60%，並非我們熟知的線上零售服務

成長股估值邏輯與傳統估值方法大相逕庭

- 1. 更高的估值源於對業務未來高增長的預期
- 2. 低利率不是解釋高估值的唯一因素

估值過高的消費股，相當於爭搶煮熟的豆子

1. 消費品公司是典型的價值型公司

- 產品／服務容易被理解和體驗，相對透明度高
- 估值充分體現可見的增長
  - └ 很少出現大幅低估的情況

2. 但中國消費品公司估值可以與科技股相「媲美」

3. 投資估值過高的消費類公司如同煮熟的豆子

- └ 品種再好也不會發芽

高週期股：估值不重要，關鍵還是對週期的把握

週期類公司盈利水準與商品週期錯位

- 1. 商品週期啟動而企業仍可能尚未盈利
  - └ 高估值階段
- 2. 商品週期見頂回落，企業的盈利增長可能還會在高位維持一段時間
  - └ 低估值階段

Part 2

10 年 10 倍股地圖

「在有魚的地方捕魚」，一般被理解為在需求爆發性增長的行業尋找投資機會，但從實踐來看並非如此。過去的 10 年，以消費品、科技為核心的公司快速成長，股價翻了 10 倍，但如果仔細分析這兩個大的行業，從整體來看，需求的增速遠沒有個體公司增長得快，從行業指數分析，也是極少數的公司取得了大部分的收益，「強者恆強」的結果造就了 10 年 10 倍股。

尋找 10 年 10 倍股

　　無論是機構投資人還是個人投資者，在資本市場中都像出海捕魚的漁民，在面對變幻莫測的資本市場的海洋時，無論是裝備精良的漁船還是小舢板，一樣都要經受風浪的洗禮，在波濤洶湧的大海中努力順應大自然的規律，適應在驚濤駭浪中生存並且找到最大的魚群。在這個過程中，經驗無疑是重要的，老漁民不會輕易在颶風中迷失，在躲避颶風以及風浪中駕馭漁船的能力更強，生存的機率也就更高；另外，他們年年出海，更懂得魚群活動的規律，根據不同季節不同魚群活動的區域張網以待。

　　在同樣冒著巨大風險的同時，經驗豐富的漁民收穫往往更大。顯然，躲避和抗擊風浪的能力和找到魚群都很重要，「在有魚的地方捕魚」這個道理每個漁民都懂，也是出海前首先需要明確的目標。沒有經驗的

漁民往往容易隨波逐流，在一望無際的海洋中頻頻下網，陷入一無所獲、徒勞無功的尷尬局面，有時即使偶爾遇到魚群，也可能因為缺乏事先的準備而無法抓住機會果斷行動。如果再誤入颶風區，加之駕馭漁船的能力有限，很可能陷入危險境地。

在資本市場中，「在有魚的地方捕魚」的樸素道理也同樣適用，也是投資中首要思考的問題。一個經驗豐富的漁民將要出海，他會把過去的那些歲月中，哪些地方曾經捕到過哪些魚的場景在腦海裡回憶一遍，最終確定這次出海的目標海域，當然，魚群是游動的，天氣是多變的，最終的結果還取決於多種因素，有時候還取決於運氣。

回顧過去 10 年的資本市場，哪些板塊、行業、公司有收益超過 10 倍的「大魚」？透過分析過去 10 年美國和中國資本市場漲幅超過 10 倍的股票，投資者能清楚地看到，這些行業的公司取得過非常高的回報，在一個相當長的時間內，透過研究取得 10 年 10 倍回報的公司行業分布以及板塊特徵，這些公司價值增長的路徑和邏輯，能夠指導我們找尋下一個「大魚群」和「大魚」。

10 倍股地圖：美國和中國 10 年 10 倍股的行業分布特徵

據統計，截至 2020 年 10 月，過去 20 年中曾創下 10 倍漲幅的股票有 120 支，其中，公募基金重倉的前 30 支股票漲幅更大，回落更小，且基本面更為優秀。

從圖 5-1 中可以看出，中國 A 股過去 10 年漲幅超過 10 倍且被公募基金重倉的股票中，醫藥生物、食品飲料、電子、電腦、房地產、汽車、化工、非鐵金屬、電氣設備和家用電器這 10 個行業是出現 10 倍股最多

的行業。其中，醫藥生物、食品飲料和電子 3 個行業的股票數量更是大大高於其他行業。

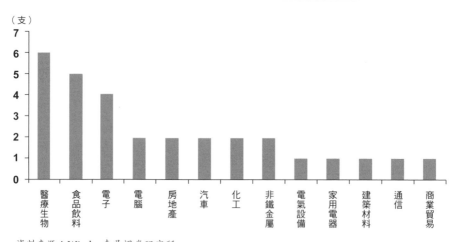

圖 5-1　基金重倉的 10 年 10 倍股行業分布

（支）

資料來源：Wind，東吳證券研究所。

從美國的情況看，過去 10 年，美股經歷了超長牛市，美股出現了大量的 10 倍股，消費、醫藥、科技類公司表現尤為亮眼，在 2010 ～ 2019 年間美股股價上漲超過 10 倍並且 2019 年底市值大於 10 億美元的公司有 81 家。而其中有 14 家都是資訊科技行業，具體結論見表 5-1。

尋找 10 倍股：滾雪球而不是滾鐵環

投股票等同於投資公司，找到偉大的公司，跟偉大公司共同成長，是投資 10 年 10 倍股的核心要義。創造 10 年 10 倍的投資回報的公司無一例外都經歷了長期快速成長過程，以收入、利潤或者 ROE 來衡量，這

表 5-1　美股近 10 年 10 倍股行業分布及領漲原因

行業	10 倍股公司數量（家）	領漲公司共通的特點
消費品	12	美國總體經濟增長，消費者信心指數不上升背景下：①絕大多數是非必需消費公司，12 家入選的消費股中，僅有 1 家必需消費公司，即星座公司（酒類企業）；②重視資訊科技升級，透過數位化轉型，進行客戶、庫存及通路管理，提升用戶體驗與公司運營效率；③在行業景氣度較高時，採取較為激進的擴張政策，透過門市擴張，橫向收購擴大市場份額。
房地產	2	均為房地產投資信託基金：①賽道景氣度較高，2 家公司分別選擇了自助倉儲和移動式房屋領域，是房地產行業中景氣度較好的；②強大的運營能力，實現獲客、留客以及資產擴張。
工業	11	①透過較高的研發投入，取得並保持技術優勢，打造優勢產品；②聚焦核心產品，專注提升核心產品的競爭力，業務擴張也都圍繞核心產品進行；③透過積極收購擴大市場份額或者取得核心技術。
金融	6	①平臺類網路公司異軍突起，6 家 10 倍股金融公司中，4 家是平臺類公司，包括貸款平臺、金融產品銷售平臺、債券交易平臺；②戰略收購以拓展業務或擴大客戶為基礎。
能源	3	①正確應對頁岩氣革命是公司的成功之道；②受外部供需環境影響較大。
通信	8	①低邊際成本導致贏者通吃，入圍公司基本均為行業龍頭；②具有吸引力的內容是成功的關鍵；③收購以提升用戶規模。
資訊科技	14	過去的 10 年是行動網路路興起的 10 年，大部分資訊科技公司都：①順應行動網路、消費電子興起的趨勢；②技術優勢是公司的核心競爭力；③透過較高的研發費用，保持技術和產品的領先地位；④收購以獲得市場與技術。
醫療保健	23	①製藥與醫療器械公司高度依賴核心產品，多數公司經歷長時期高研發低利潤甚至虧損的蟄伏期，並在產品面世後迎來爆炸性增長，公司往往有高額的研發費用；②中小型藥企偏好選擇合作研發方式降低風險，加快研發進度；③護理等大健康類產業公司主要透過橫向收購拓展客戶規模。
原材料	2	基於既有的技術積累，拓寬產品線，形成覆蓋多行業、多場景的多元化市場布局。

些公司都是優勝者，客戶數量、收入、利潤衡量公司規模都呈現大幅躍升。但跟我們感覺不同的是，它們大多數並不直接獲益於行業大發展，大部分公司所在的行業並沒有經歷爆發式的需求增長。

「在有魚的地方捕魚」，一般被理解為在需求爆發性增長的行業尋找投資機會，但從實踐來看並非如此。過去的 10 年，以消費品、科技為核心的公司快速成長，股價翻了 10 倍，但如果仔細分析這兩個大的行業，從整體來看，需求的增速遠沒有個體公司增長得快，從行業指數分析，也是極少數的公司取得了大部分的收益，「強者恆強」的結果造就了 10 年 10 倍股。

在中國，無論是白酒、牛奶、空調還是手機的新增客戶都處於平穩增長的態勢。根據中國國家統計局的數字，2019 年，全國居民人均消費支出 21,559 元，比上年名義增長 8.6%，扣除價格因素，實際增長 5.5%，食品菸酒支出增長了 6.8%，醫療保健增長了 11.6%。中國互聯網數據中心預計，2021 年中國國內智慧手機出貨量將同比增長 4.6%，市場容量約 3.4 億臺。從這些統計數字能夠看出，如果從行業整體來看，因為中國 GDP 仍處於 6 ～ 6.5% 的增速區間，所以，大消費以及醫療服務支出整體市場仍處在穩健增長的狀態，並沒有出現爆發式的增長。從智慧手機用戶增長率來看，4.6% 的增速甚至低於消費整體的增速。對比美國的情況，由於美國早已實現了都市化和現代化，居民消費的增速比中國低得多，年均增速一般在 2 ～ 3.5% 這個區間內，相比中國的增速更慢。

巴菲特的滾雪球理論包含兩個要素，即一個長的坡道和足夠濕的雪，雪從山坡頂端滾下，除了自身越滾越快以外，透過自身的重量把坡道上其他的雪也黏附在身上，所以雪球越滾越大，重量越大，黏附的雪就越多。在行業競爭中，領先的企業建立的競爭優勢，其品牌、客戶資

源、有形或者無形資產等形成了優勢，就像一開始雪球從頂端滾落。這種競爭優勢使得行業的價值向優勢的企業集聚，市場份額不斷增加。相反，產業內其他公司紛紛退出市場或者被兼併收購，雖然行業整體增長率並不快，但是頭部公司的集聚效應使得其規模擴張的速度要遠大於行業平均增速，資本市場基於公司未來發展前景給予更高的估值，公司的價值實現「雙向擴大」的趨勢。

還有一種情形來自「泥石流」性質的科技創新型公司。智慧手機雖然增速已經放緩，但是蘋果、華為、小米等頭部公司的增速仍然很快，原因在於它們不斷地推出新的機型和應用。當下，一款新的 5G 手機相當於智慧手機行業的「泥石流」，完全打破在 4G 手機階段已經形成的競爭均勢，新的 5G 手機像泥石流一樣橫掃整個產業，行業全部推倒重來。每一次的新的產品投放都像一次泥石流的發生，創新能力弱，研發投入低、行銷能力缺乏、產量低或無法快速響應客戶需求的公司被淘汰出局，頭部公司透過「破壞性創新」獲得發展的機會，獲得行業大部分價值，形成「強者恆強」的趨勢。

10 倍股不能只看行業需求爆發

行業需求爆發式增長拉動行業內公司價值整體大幅度上漲的行業的核心原因往往不是需求，而是供給。由於供給短期（3～5 年）缺乏彈性，行業屬重資產行業，產業壁壘高，投入高且推出困難，容易形成供給短缺式的 10 倍股。海運、大宗商品、貴金屬等高週期行業屬這一類。從探礦到形成產能需要漫長的時間，銅礦從發現到採掘運營大致需要20 年，2012 年全球發現銅礦 60 個，2016 年只有 8 個，資源量更是不到

2012 年的 10%，這就是一個大週期行業的典型週期成因。價格低迷，資本投入少，勘探發現的資源儲量小，等到這些勘探的儲量在 20 年後進入開採期，原有礦石產能逐漸衰竭，如果趕上經濟繁榮期，就會出現供需缺口，且這個缺口在可見的 3 ～ 5 年之內根本沒有任何其他的方式進行彌補，於是價格開始出現飆升，升值幅度可能高達 10 倍以上，直到經濟週期降溫，在 10 年內公司的股價往往可以飆升到 10 倍以上，形成供給短缺型的 10 年 10 倍股。

需求爆發增長不代表行業具有投資價值，甚至相反，過度競爭反而使得行業整體表現低迷。需求是行業增長的原因，但只是必要條件，而不是充分條件。需求不是形成高週期性行業 10 年 10 倍股的根本原因，重資本行業的供給缺乏彈性才是。「在有魚的地方釣魚」常被理解為尋找需求爆發式增長且非常確定的行業，而這些行業往往異常的擁擠，競爭也非常激烈。雖然魚群不小，但往往沒有大魚。行業內公司沒有「護城河」，新的競爭者隨時可以加入，那麼在競爭中誰也沒有能力吃掉對手，只能採取慘烈的價格戰，最後也很難形成 10 年 10 倍的公司，甚至事與願違，很多潮頭浪尖的公司黯然退場，這種以需求為導向尋找 10 年 10 倍公司的做法，尤其在行業需求剛剛形成的那一個階段往往順風順水，實質上跟高週期性行業以及有高產業壁壘的行業形成的供給短缺過程有很大的不同，需要仔細辨別。

關注公司價值創造機制比關注需求更加重要，或者說關注企業的長期競爭優勢比關注行業整體的需求變動更為重要。從 10 年的維度來看，只有真正具有「護城河」，在行業內真正具有競爭力的公司才能給投資人創造長期穩定的回報，而即使行業發展強勁，如果公司競爭力低下，也無法抓住難得的發展機遇，甚至在行業發展高潮中被淘汰出局。

在這個大變革的時代，行業競爭格局瞬息萬變，稍有不慎就會被後來者居上，比如諾基亞曾經雄霸手機市場，如今已難覓蹤影；梅西百貨曾經在美國霸主地位難以撼動，但沃爾瑪、亞馬遜的崛起現在已使其日薄西山，甚至被認定為最先進零售業代表的沃爾瑪，也在與亞馬遜的競爭中顯露疲態，市值被亞馬遜超越。因此，找到具有「護城河」的公司至關重要，不同產業由於其行業特點不同，對公司核心競爭力的理解也不相同。例如，招商銀行跟騰訊從其戰略、組織架構到公司文化、人員構成都大不相同，但它們都在各自的行業具有強大競爭力，給投資人持續創造了價值。

因此，我們定義了 4 種「魚群」和「大魚」，分別是滾雪球、泥石流、高週期和硬科技 4 大板塊，這些板塊在過去 10 年出了眾多「10 年 10 倍」股，相對於雪道，我們更關注的是「雪球」，那個可以滾起來、最後形成趨勢的「坡頂上的雪球」，以及形成最後「大雪球」的過程，希望能夠為找尋下一個正在形成中的「坡頂上的雪球」提供更多線索和邏輯依據。

第五章
尋找 10 年 10 倍股

尋找 10 年 10 倍股

1. 尋找 10 年 10 倍股如同在大海裡捕魚

2. 要依靠經驗豐富的漁民／船長

3. 在有魚的地方捕魚才會有大魚和魚群

10 倍股地圖：美國和中國 10 年 10 倍股的行業分布特徵

中國 10 年 10 倍股經驗
- 行業分布 — 醫藥生物、食品飲料、電子等 10 個行業
- 數量分布 — 前三名行業：醫藥生物、食品飲料和電子

美國 10 年 10 倍股經驗
- 行業分布 — 消費、地產、工業、金融等行業
- 數量分布 — 前三名行業：醫療保健、資訊科技、消費品

尋找 10 倍股：滾雪球而不是滾鐵環

1. 尋找 10 倍股：滾雪球而不是滾鐵環

2. 事實
- 大多數 10 年 10 倍公司所在行業並沒有經歷爆發式增長
- 需求的增速遠沒有 10 年 10 倍公司增長得快

3. 巴菲特「滾雪球」兩個核心特點
- 長的坡道 — 廣大而持續穩定增長的市場
- 夠濕的雪 — 強大的競爭力與護城河

4.「泥石流」型科創公司的成功
- 不斷推出以創新技術為核心的產品／服務
  - 橫掃市場，形成強者恆強之勢

10 倍股不能只看行業需求爆發

爆發性盈利增長的核心原因
- 供給
  - 供給缺乏彈性－供給短缺形成 10 年 10 倍股
- 需求
  - 引入更多競爭者－供大於求行業出清

CHAPTER

06

硬核科技公司

一招鮮，吃遍天：研發型科技公司顛覆性創新

　　贏者通吃是破壞性創新的規律，也是研發型創新科技公司的競爭規則。研發過程是高度不確定的，甚至很多時候研發的目標也是不確定的，但一旦一家公司取得突破，在這領域就具有了競爭優勢，就像足球比賽的「金球制」一樣，不管競爭對手投入多少資金和資源，在這一刻都將歸零。

　　破壞性創新的概念是由著名的經濟學大師，奧地利人熊彼得（Joseph A. Schumpeter）在 1912 年最早提出的，克里斯汀生補充和改進了熊彼得的創新理論。他認為，破壞就是找到一種新路徑，進而找到一種新的生產函數和模式，透過破壞性創新在低端市場形成新的優勢，或者形成有別於原有市場的新市場。

硬核科技公司即傳統的科技巨頭，主要在技術領域取得突破，而不把關注的焦點放在技術應用和商業模式上。科技作為推動社會創新的原動力，能夠創造大量的直接價值和溢出效應，從而帶動社會整體效率的提升。硬核科技的一個顯著特徵就是在研發上的高額投入以及研發、產品和客戶之間相對簡單的關係。在 AI 算力、5G 標準、晶片設計、專利藥開發領域等，研發構成破壞性創新，研發投入在銷售費用的比重可以作為這個行業簡單的標誌性指標。創新的研發投入一旦形成突破，以及專利技術改變原有格局，像 5G 標準產生一樣，一個公司就會迅速打破此前的市場格局，形成性壟斷優勢和競爭壁壘，直到新的競爭者突破這個新的壁壘。

　　硬核科技公司價值創造的過程往往是行業關鍵技術取得突破，從而帶動巨額資本投入，經過多輪技術迭代和多輪融資、新產品和專利才能面市並投入商業應用，從而推動新產業鏈形成，行業價值也被新公司獲取，新的創新性公司獲得 10 年 10 倍的增長機會。

　　技術創新具有高度的不確定性，注定了只有少數公司拿到整個產業升級的價值，而誰將勝出很難判斷，參與的公司和投資人都將承擔巨大的不確定性風險。

　　這也是投資這類 10 年 10 倍的硬核科技公司最大的風險，單一技術、單一公司研發的巨額資本投入風險對於投資者來說無法有效管理，只能透過分散投資的方式來控制風險。

　　在實踐中，由於大部分投資人對技術發展的前景具有樂觀的預期，能夠大比例投資該行業的投資者相對更加積極，加之「羊群效應」，容易形成普遍高估值的局面，類似於 2000 年在中美乃至全球出現的「科技股泡沫」（見表 6-1）。

表 6-1　科技泡沫崩潰與明星股跌幅

股票	2000 年最高點 股價（美元／股）	2001～2002 年 股價低點（美元／股）	下跌幅度（%）
亞馬遜	75.25	5.51	98.70
思科	82.00	11.04	86.50
康寧	113.33	2.80	99.00
捷迪訊	297.34	2.24	99.50
朗訊科技	74.93	1.36	98.30
北電網路	143.62	0.76	99.70
Priceline*	165.00	1.80	99.40
雅虎	238.00	8.02	96.40

　　從表 6-1 可以看到，當年「大牛股」都出現了急劇的下跌，普遍跌幅都在 9 成以上，投資人為整體高估科技股的價格付出過慘痛的代價，表中的北電科技最後以破產結局。

　　在估值普遍偏高的情況下，投資收益取決於投資人對行業、公司的深刻理解和精準判斷。成功的投資是少數，大部分會失敗，但是成功投資一家公司就會取得超常回報，足以抵消失敗投資的損失，這種投資收益率呈現出的典型的「長尾」分布特點在高科技尤其是硬核科技領域屢見不鮮，對投資人的專業判斷提出了挑戰，蘋果在經歷 2000 年科技股泡沫以及多年低迷以後，賈伯斯的回歸使得公司重新獲得了研發的靈魂，

---

* Priceline 於 1998 年成立，是一家基於 C2B 商業模式的旅遊服務網站，也是目前美國最大的線上旅遊公司。

並在 2007 年 1 月 9 日成功推出 iPhone，從而改變了手機市場的格局，股價也重新獲得了上漲的動力，蘋果股價從 2011 年 3 月 9 日的 7.35 美元，到 2021 年 3 月 9 日收盤價 121 美元，10 年漲幅達到 15.5 倍，最高價為 144.88 美元，10 年間股價最高價翻了 19.7 倍（見圖 6-1）。

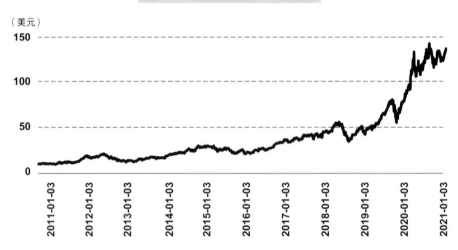

圖 6-1　蘋果股價的 10 年飛躍

研發＋重資本投入：摩爾定律與彎道超車

還有一種基於研發優勢＋重資本投入的技術創新型公司，晶片和液晶顯示器公司都屬此列。這類破壞性的技術創新從一開始就是資本的競爭。摩爾定律主導著行業競爭，成為一個燒錢的馬拉松競賽。

1965 年，《電子》雜誌在創刊 35 週年之際，邀請時任快捷半導體公司（Fairchild Semiconductor）研究開發實驗室主任的摩爾，為其撰寫一篇觀察評論，預測微晶片工業的前景。此時，全球半導體產業才剛剛萌芽，英特爾都尚未成立，市面上生產和銷售的晶片更是屈指可數。

摩爾根據有限的數據大膽提出了一條被後人奉為圭臬的路線圖，即處理器（CPU）的功能和複雜性每 12 個月 * 增加 1 倍，而成本卻成比例地遞減，也就是有名的摩爾定律。

這篇名為〈讓積體電路填滿更多的元件〉（Cramming more components onto integrated circuits）的報告，就此指導了半導體乃至整個資訊產業半個世紀的發展步伐。在過去的幾十年裡，為了滿足摩爾定律，半導體行業內公司上演了奪命狂奔和彎道超車的好戲。

1971 年英特爾發布的第一個處理器（代號 4004）就採用 10 μm † 工藝生產，僅包含 2300 多個晶體管。隨後，晶體管的製程節點以 0.7 倍的速度遞減，90nm ‡、65nm、45nm、32nm、22nm、16nm、10nm、7nm 等相繼被成功研製出來，最近的戰報是向 5nm、3nm 突破。技術研發投入與光刻設備的更新換代，都需要半導體廠商耗費大量的資金；生產精密程度的不斷提升，也需要在製造環節投入更大的人力物力；一代代晶片生產線的設計、規劃、調試成本，也在以指數級增長。以前，生產 130nm 晶圓處理器時，生產線需要投資數十億美元，到了 90nm 時代則高達數百億美元，超過了核電站的投入規模，3nm 晶片的研發成本，甚至將達到 40 ～ 50 億美元。

很顯然，半導體企業不可能長期做到「既讓性能翻一倍，又讓價格降一倍」，如果 18 個月沒有收回成本，就要面臨巨大的資金壓力。

研發＋重資本投資的硬核科技公司資本投入是公司賴以生存的命脈，並且要保證在摩爾時間內，也就是 18 個月內，資本投入的密度要

---

* 1975 年，摩爾將 12 個月改為 18 個月，沿用至今。

† 1 微米（μm）= 1×10^{-6}m。

‡ 1 奈米（nm）= 1×10^{-9}m。

達到跟上或者超過行業進步的步伐，贏家通吃，輸家雖不會像在硬核科技醫藥研發被直接踢出局，但落後的公司將面臨長期「水下生存」的不利局面，即由於資本投入不足，後者沒有達到最低規模，因此不能達到行業最佳成本，只能在成本線以下定價，公司每生產一個產品都要承受損失，並且在此情況下還要堅持，因為下一代技術研發投入已經開始，下一輪資本投資的序幕已經拉開，若缺席這一代，也許就再也沒有回到主跑道的機會，從而徹底出局，前面的累積巨額投入也將全部打水漂。

除非技術升級趨緩或者出現細分市場，跟隨者才有後來居上的機會，但這種機會隨機性和偶然性很大，成功的機率並不高。因此，跟隨者的風險更大，後文我們會繼續講述輝達和英特爾的故事，看看輝達是如何實現驚天逆襲的。

鋼鐵是怎樣煉成的：伊隆・馬斯克與特斯拉的啟示

特斯拉股價從 2010 年 6 月 29 日的 4.778 美元上漲到 2021 年 3 月 9 日的 673.58 美元，其間上漲了 140 倍，最高漲到 833.1 美元／股，創造了特斯拉神話（見圖 6-2 和圖 6-3）。

2021 年 1 月 8 日，美國彭博社發文稱，美國特斯拉公司 CEO 伊隆・馬斯克（Elon Musk）超越亞馬遜創始人傑夫・貝佐斯（Jeff Bezos）成為世界新首富。剛剛過去的 2020 年，因特斯拉股價狂飆 743%，伊隆・馬斯克的個人淨資產飛漲超 1500 億美元，達到了驚人的 1,850 億美元，1 年之內身價暴漲 7 倍，彭博社驚呼，「這可能是歷史上最快的財富創造」。作為特斯拉、SpaceX、SolarCity 等多家明星公司的老闆，馬斯克涉足的領域覆蓋了電動汽車、太空旅行、太陽能發電甚至是人機介面等

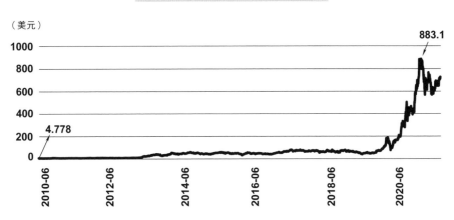

圖 6-2　10 年間特斯拉股價走勢

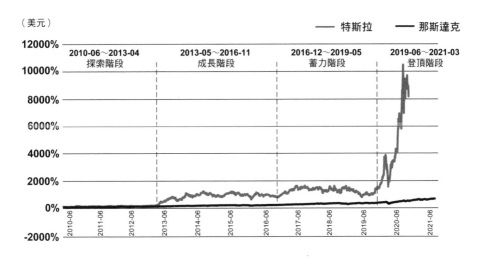

圖 6-3　特斯拉與那斯達克指數的 10 年

眾多領域，在這些領域馬斯克都取得了令人矚目的非凡成就。

　　最惹人注目的瘋狂舉動在於，他創立的 SpaceX 僅用了 10 年就能用貨運「天龍號太空船」為 NASA 往空間站運送貨物；又過了 8 年，就把太空人送入了太空，由此開啟了全球商業載人航天時代。他的規劃還包

括夢想成為登上火星的第一人，以及讓 100 萬人能夠移民火星，讓火星成為地球人的第二家園。這些即使在今天看來仍然像是在談論一個科幻電影情節，伊隆・馬斯克正在讓這一切真實地發生，因此他也贏得了「矽谷鋼鐵人」的稱號，成為全球科技圈最熱門的領袖之一。

伊隆・馬斯克個人的成長經歷以及創業的全過程，為我們全方位展示了矽谷式英雄的成功之路，也讓我們瞭解了在科技創新領域成功最重要的要素（詳見下文），雖然結果令人振奮，但過程可謂九死一生，時時刻刻命懸一線。

科技創新公司，人是第一要素

創始人堅韌不拔的性格因素毫無疑問是一切創業成功的最重要因素，但顯然，在完全未知的科技創新領域探索，時時「嚼著玻璃，直面深淵」的感覺對創始人更是一種持續的重壓，這也注定了科技創新成為只適合少數人參與的極限遊戲，也只有具備這種挑戰自身極限能力的成功人士才敢於成功並且一直成功下去，就像我們在極限運動中感受到的一樣。

雷軍曾說，「如果一個人腦子沒有出問題，是不會選擇創業這條路的，那不是人幹的事」，普通人連嘗試也不想嘗試，更接受不了失敗的反覆折磨，創業只適合想真正挑戰自身極限的少數人。

「他一直不斷向前，只有這樣他才能生存下去」，這是馬斯克第一任妻子賈斯汀評價馬斯克的話。縱觀馬斯克創業之路，勇往直前，取得連續成功是馬斯克性格使然。馬斯克創業之路充滿艱辛挑戰，無數次瀕臨破產邊緣，而其逆境之中爆發的超級耐力和抗壓能力以及屢敗屢戰創業精神使其最終取得了連續的成功。

　　早期，馬斯克先後創建了兩家網路公司：Zip2 和網路金融服務公司「X.com」，也就是 Paypal 的前身，並先後以 3 億美元和 15 億美元出售，而這時的馬斯克只有 31 歲。28 歲成為億萬富翁，31 歲已經名動矽谷，即使那時馬斯克功成身退，他也是矽谷的傳奇。

　　但馬斯克在購買了名車豪宅以後，又先後啟動了 SpaceX、特斯拉和 SolarCity 項目，這些項目每個都是需要百億甚至千億美元量級資本投入的重資產行業，任何一個項目失敗都足以使馬斯克傾家蕩產，「一夜回到解放前」。

　　2002 年 6 月馬斯克成立了 SpaceX，2004 年投資特斯拉並成為最大股東，2006 年成立 SolarCity。在相當長的時間內，馬斯克都需要同時面對三家公司的巨額資金投入，他出售兩家公司獲取的幾億美元根本無法滿足這三家公司的資本需求，逼得馬斯克又賣掉了豪宅，一度寄居在朋友家的沙發上。

　　即使是在融資環境發達的美國，完全沒有盈利且前景高度不明朗的三家公司都面臨巨大的融資壓力，時刻都處於現金流斷裂的危險之中。2008 年金融危機過後更是雪上加霜，SpaceX 第三次發射失敗，特斯拉帳上只剩下 900 萬美元現金並且大規模裁員，他已經把自己最後僅有的 2000 萬美元追加投資了特斯拉，賭上了全部的身家性命，前妻賈斯汀當時正在發起離婚訴訟，這一切讓馬斯克處在崩潰的邊緣。馬斯克已經考慮要關掉 SpaceX 或者特斯拉其中的一個來換取另一個生存下去的機率，他經常半夜做噩夢並尖叫驚醒，根據他第二任妻子萊利的回憶，她那時候感覺馬斯克在死亡邊緣徘徊，隨時都可能心臟病猝死。

　　馬斯克在工作中其實是一個極其糟糕的人，性格暴躁，不易相處。在 Zip2 的創業早期，馬斯克跟創業合夥人為了商業決定甚至大打出手，

風投進入罷免了他 CEO 的職位。Paypal 則更加戲劇化，Paypal 主要員工兩次發動「政變」：第一次，主要工程師集體出走成立了一家競品公司；第二次，在投資人幫助下又一次成功罷免了馬斯克的 CEO 職位。到了 SpaceX 和特斯拉、SolarCity 時期，馬斯克的強硬作風使其高管團隊備受煎熬，一些核心人物紛紛選擇離開。馬斯克愛情也不順利，他有兩任妻子和三次婚姻。

但這一切，都沒有阻擋馬斯克超強能力的發揮，成就其極致成就。引用馬斯克第一任妻子的話：「極致的成功需要極致的個性，這就要以其他方面的犧牲為代價，那些極端的偉大人物總是強迫自己，以非同尋常的方式去體驗這個世界，總能以全新的角度看到具有洞見的創意。但是，人們常常認為他們是瘋子⋯⋯」

毫無疑問，極限遊戲成就極致成功，這些挑戰人生極限的人，他們本可以選擇不去做這些瘋狂的舉動，穩中求勝說不定也可以功成名就，是什麼吸引他們瘋狂地追求成功？他們是怎麼考慮風險和回報的？

第 1 章提到的徒手攀爬家艾力克斯・霍諾德的見解可以給我們另外一個視角來理解上面兩個問題。

霍諾德被問得最多的一個問題是：難道你不怕死嗎？你不害怕掉下來嗎？

霍諾德的回答是：「山在那不去爬，我永遠不會滿足。在她（Sanni，他的女友）看來，生命的意義在於幸福，在於結交讓自己生命更充實的人，好好享受一切。但在我看來，生命的意義在於成就，誰都能活得舒適快活，但如果人人都追求舒適快活，世界就無法進步。生命之意義在於當一個勇士，至於具體追求什麼，倒不見得多麼重要，這就是你的人生道路，你要好好走下去。你直面恐懼，只因這是實現目標的必然要求。

這就是勇士精神。」

只有馬斯克、霍諾德這種對極致成就有強烈追求的人，才可能在科技創新這個未知的、殘酷競爭的領域生存下來，而這種精神的人是公司精神領袖和成就的原動力。

大賽道才能出大玩家

馬斯克一個鮮明的特點是商業洞察力，能夠敏銳地識別捕捉具有宏大主題和發展前景的投資賽道。

從馬斯克創立的幾家公司來看，在資本市場中，網路金融、新能源汽車、光電新能源所代表的行業總市值都是上兆美元量級的行業，顛覆型的創新帶來的價值轉移效應使新公司可以得到原有行業的大部分價值，即使在初期，考慮到巨大的需求和產業價值空間，也可以得到投資人和資本市場的支持和青睞，在矽谷 VC、私募股權投資（PE）及那斯達克市場等完善的融資環境下公司可以得到高速發展，創新型公司可以以「10 倍速」方式實現價值增長，作為創始人和主要投資人的馬斯克，其財富也以火箭速度躥升。

第一性原理，創新商業模式的底層邏輯

為什麼是馬斯克？馬斯克為什麼能夠發現網路支付、電動汽車、航空技術這些顛覆型的行業機會並且實踐，正在被新技術顛覆的行業的傳統公司都睡著了嗎？還是說，這些公司贏弱且不堪一擊？

事實顯然不是如此，這些領域存在巨大的發展前景和機會，因此都處於高度競爭（甚至國家參與的壟斷競爭）的環境中。汽車、金融、航天、能源行業都是經歷過殘酷競爭的行業，行業內都形成了全球的寡頭

壟斷，幾家巨無霸規模的巨頭壟斷了全球市場。豐田、通用、福特、波音、洛克希德・馬丁空間系統公司等都是具有悠久歷史和龐大規模的寡頭壟斷企業，過去幾十年從來沒有新的公司能夠挑戰它們的霸主地位。但馬斯克成功做到跨越行業壁壘和行業內成功企業的「護城河」，同時在這麼多不相關領域內取得成功，不但挑戰原有的行業霸主地位，並且在市值上已經實現超越，投資人已經把未來的信任票投給了 Paypal、特斯拉、SpaceX、SolarCity 等這些馬斯克概念公司。

　　馬斯克把自己的思維模式稱為「物理學第一性原理」，他認為，物理為理解那些跟直覺相悖的新事物提供了一個很好的框架，這種框架可以應用到商業實踐中。比如說量子力學就是違背直覺的，實際的運動規律與人的感覺正好相反，而且物理可透過實驗高度精確地驗證。物理學之所以可以在這些違背直覺的領域取得進展，就是因為它將事物拆分到最根本的單元，然後從那裡去推理，這幾乎是探索未知領域唯一有效的方法。現實生活中我們常常採用類比推理，更多採用「別人的」經驗做法，類比推理可能只對經驗的做法腦補了一個故事，因此也就無從創新和改造。

商業模式創新：「跨圈」和「畫新圈」錨定新的價值增長空間

　　作為馬斯克產業核心的新能源汽車和航天行業除了以上的轉移效應以外，還具有「跨圈」和「畫新圈」（見圖 6-4 與圖 6-5）的能力，馬斯克深刻的商業洞察力體現在其技術和商業模式的創新上，使公司價值得到進一步增強。隨著特斯拉等新能源汽車的逐步普及，人們已經越來越清楚地意識到，電動汽車跟傳統的汽油汽車相比不再是同一行業的簡單迭代，而且這種創新帶來的價值將深刻改變汽車行業乃至石油、大宗商

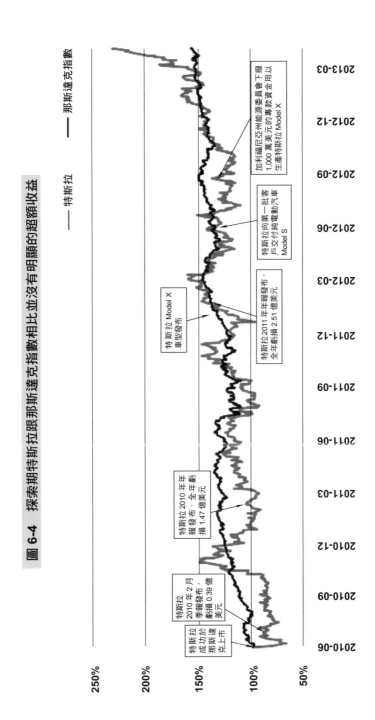

圖 6-4 探索期特斯拉跟那斯達克指數相比並沒有明顯的超額收益

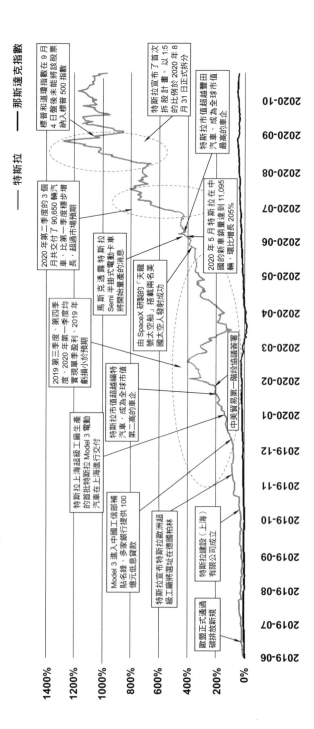

圖 6-5 「跨圈」的特斯拉價值飆升

品市場。

隨著電動汽車以及自動駕駛技術的發展，未來汽車行業已不再僅限於滿足人們交通出行的需求，汽車將逐步成為輪子上的「手機」，從而跟人們更廣闊的需求聯結，使電動汽車的價值空間更為廣闊。特斯拉正在帶領汽車行業成功地實現「出圈」，進入萬物互聯的廣闊應用場景，而這一商業模式的轉變是特斯拉最大的價值增長引擎。

航天科技（不管載人與否），需求主要來自政府採購，更多應用於空間探索和軍事領域的應用，因此，有限的採購合同和苛刻的採購條件使得航空航天行業在資本市場的市值並不是很高，還不能稱之為「大賽道」。但馬斯克把 SpaceX 定位於火星移民，且不說這種定位在技術上的可行性，單純從商業上來說，這個定位定義的是一個新的需求和「賽道」，100 萬人移民火星在商業上的價值得以浮現，從而為公司發展跟資本市場的聯結提供了「價值的錨定」。

英特爾和輝達：領先者的狂奔和追趕者的「彎道超車」

輝達股價從 4 年前的 30 美元／股上升到 2021 年 4 月的 520 美元／股，增長率近 20 倍，截至 2021 年 4 月，輝達市值約為 3,520 億美元；英特爾目前的市值約為 2,289 億美元，輝達超過英特爾成為僅次於台積電、三星的全球第三大 IT 廠商（見圖 6-6）。

從一家給微軟、任天堂提供顯示晶片的供應商，到 400 億美元收購英國行動網路底層架構商 ARM 公司，輝達的逆襲經驗是：避開領先者主力，在細分市場取得絕對占有率後，再投入到更核心產品的研發，從而實現逆襲。

圖 6-6　10 年間（2011 年 5 月～ 2021 年 5 月）輝達彎道超車英特爾

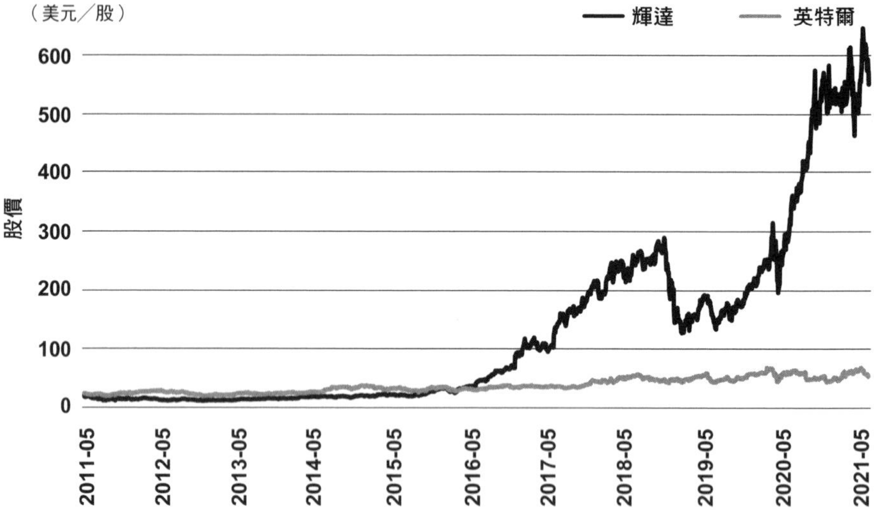

（美元／股）　　　　　　　　　　　　　　　　　　── 輝達　　── 英特爾

技術跟隨者抓住細分市場應用也可以實現逆襲

　　輝達一直是邊緣化的小角色。在個人電腦（PC）時代，輝達是邊緣的 IT 製造商，相比英特爾和超微半導體公司（AMD）主導的 CPU，它的高階顯卡主要提供給微軟、任天堂的遊戲機，和以遊戲為主的個人電腦。

　　輝達無法像英特爾晶片和微軟作業系統一樣成為個人電腦的標準配備，這意味著它的產品在銷量和利潤上處於邊緣化。財務數據顯示，2011 年輝達全年營收 35.4 億美元，淨利潤為 2.5 億美元，而英特爾僅在當年第一季度，就實現了 128 億美元的營收，32 億美元的利潤。

輝達「丹佛計畫」彎道追趕

　　輝達利用智慧手機彎道超車，制訂實施「丹佛計劃」，即用 ARM

的指令集，設計輝達的 CPU 晶片，並在該晶片上集成 GPU 一舉實現逆轉。輝達思路是圖形處理器與中央處理器合二為一，雖然性能上無法與英特爾的 CPE 晶片相抗衡，但新的晶片體積更小、能耗更低，符合行動網路設備對能耗和體積的要求。隨著 2011 年 iPhone 4 掀起的行動浪潮，全球行動手機出貨量每年呈現增長率高達兩位數的增長趨勢，其中與輝達捆綁的 ARM 成了基礎架構，占據著手機處理器 90% 的市場份額、小筆電處理器 30% 的市場份額以及平板電腦處理器 80% 的市場份額，4 年淨利潤增長 2.5 倍。

AlphaGo 人工智慧重資本投資實現逆襲

超前布局，輝達利用人工智慧（AI）領域的領先，一舉實現對英特爾的超越。大家肯定對 AI 棋手 AlphaGo 以 4 比 1 的大比分擊敗韓國圍棋國手李世乭記憶猶新，這場人機大賽帶來了 AI 浪潮。

輝達就是透過以 AlphaGo 為代表的人工智慧大手筆投資，使其在人工智慧領域後來居上，從而實現對英特爾的超越。在看到人工智慧技術可行性後，輝達累計投入 100 億美元的資金進行研發，最近以 400 億美元收購 ARM，在 AI 時代，輝達終於跟英特爾站在同一起點，競爭數據中心。

在「平的世界」裡：新技術和新商業模式的結合造就橫空出世的顛覆者

過去幾十年，全球的發展至少有 10 個趨勢讓世界變成「平的」，雖然貿易壁壘有捲土重來之勢，但當前世界給「顛覆者」創造了絕佳的

外部環境，因此我們可以看到，原本壁壘森嚴、牆高河深的行業霸主經常被行業的「新進入者」挑戰，幾十年乃至上百年構建的「護城河」被輕易攻克。2008 年，美國《紐約時報》著名記者湯馬斯・佛里曼（Thomas Friedman）在《世界是平的》（*The World is Flat*）一書中列舉了他認為碾平世界的 10 大動力。

- 創新時代來臨：柏林圍牆的倒塌和 Windows 作業系統的建立。
- 網際網路時代的到來和 Web 的出現和網景（Netscape）的上市。
- 工作流軟體：讓你我的應用程式相互對話。
- 上傳：駕馭社群的力量，指的是「部落格」和「維基百科」這類應用。
- 外包：印度的軟體服務外包業務。
- 離岸經營：與瞪羚一起賽跑，與獅子一起捕食，中國的「入世」推動了離岸經營的快速發展，中國「三來一補」*讓中國製造快速崛起。
- 供應鏈：沃爾瑪的全球供應鏈優勢。
- 內包：聯合包裹服務公司（UPS）提供供應鏈管理服務使小公司也可以享受全球化的好處。
- 谷歌等提供資訊的搜索服務。
- 數位的、行動的、個人的和虛擬的類固醇（大量行動通訊終端出現）。

以上的 10 大動力使用全球產業鏈高度分工、網際網路、機器人等柔性生產線技術，把複雜的、區域性、一體化、貿易化的世界拆解成一個個產業鏈上的模組，給商業能力超群的創業者提供了形成新的商業模

---

* 「來料加工」、「來樣加工」、「來件加工」和「補償貿易」的簡稱。

式的基本條件；電池、航天等新技術突破從技術的維度使新的商業模式
具備了商業的可行性，新技術和新商業模式的結合造就了科技創新領域
一輪創新的高潮。

以 iPhone 為例，來看看全球化背景下產業鏈細分以及協作趨勢。蘋
果在全球主要的供應商為 200 家，這 200 大供應商包攬了蘋果 2018 年全
球原材料、製造和組裝採購金額的 98%。在 2019 年全球 200 大供應商裡
面，中國供應商的總數為 40 家，日本供應商的數量為 39 家，韓國入圍
供應商的數量為 14 家。

可以說，蘋果正是全球化的產物，也受益於全球化的發展。正是這
200 多家全球核心供應商，讓蘋果可以高效地創新，推出新的機型和新
的科技應用，而不再是原來的模式，即上下游一體化，複雜冗長的官僚
體系及低效的溝通。雖然為其供應的產品並不是在全球比較後最好的，
但在全球化背景下，消費者可以得到最新的技術應用和最好的服務，這
說明投資者也分享了全球化帶來的紅利。

網際網路技術對產業的創新可以有效地說明這個原理，這也是馬斯
克最早創業成功的領域。行動網路技術的出現，可以使創業者從最根本
的客戶需求出發去思考問題，複雜的產業鏈變成了可以重新組織和組合
的合約，從而催生了新的商業模式和公司。

銀行龐大複雜的體系在網路金融技術應用面前變得透明，人們需要
便捷的支付方式但並不關心如何實現它，也不太關心提供這項服務的提
供者到底是銀行、發卡機構還是一家科技公司。直面客戶需求、採用手
機支付的方法，聯結了所有人和機構，金融行業被 Paypal、支付寶、微
信支付徹底改變了。

傳統汽車行業有圍繞汽油引擎、變速箱核心技術構建的複雜產業鏈

體系、沉積百年的品牌，規模化的生產、行銷體系和售後服務體系構建了完美「護城河」，但在特斯拉以電池為核心的新供應鏈體系、機器人柔性生產線、自動駕駛和直銷體系面前，高城深池的城堡崩塌了。

在這個大變革時代，AI、VR、5G 等技術不斷取得開創性的進展，馬斯克以及其代表的思維方式、商業洞察力和創新力能夠使我們用全新的視角觀察世界。

事實上，人類的基礎研究尤其是物理基礎研究幾乎陷入了「停滯」，人類受制於基礎理論的桎梏，自從 20 世紀發現相對論和量子理論之後，近一百年現代物理沒有突破性進展。

近百年內人類應用技術的進步都是量的積累。1927 年服役、第二次世界大戰時被日軍擊沉的美國列星頓號航母，最高航速 33 節*。2017 年，造價達 150 億美元的最先進航母福特號，航速 30 節；1970 年，第一臺波音 747 用 8 小時從紐約飛往倫敦。48 年後，噴氣客機從紐約甘迺迪機場到倫敦蓋威克機場用時 5 小時 13 分鐘。1969 年阿波羅 11 號載人登上了月亮，而 49 年之間人類再未拜訪過月球。

但是，我們同時發現，電池技術、網際網路等技術應用的發展和顛覆性的商業模式兩個維度的創新使得人類知識積累的效率和商業社會運行的效率大大提高了（我們會單獨在商業模式中再論述），風險投資、矽谷、那斯達克、創業板、科創板等制度安排使得財富正以歷史上最快的速度積累，一家 5 年歷史的公司在完全沒有盈利的情況下，估值就可以達到 1,000 億美元以上，而這樣的趨勢顯然仍在延續。

未來 10 年，沿著技術突破，技術應用這條主線，以及隨著人們消

---

* 1 節 = 1.852 公里／小時。

費習慣的改變，可以預見在商業模式顛覆性創新的維度，未來大量公司會成群出現，類似特斯拉這樣的顛覆者對於投資行業價值創造邏輯的顛覆性影響，仍然值得期待。

第六章
硬核科技公司

一招鮮，吃遍天：研發型科技公司顛覆性創新

破壞性創新贏者通吃是研發型科技公司的競爭規則
- 1. 高研發投入 － 研發投入／銷售費用比率高
- 2. 金球制度 － 一旦技術取得突破，競爭對手的投入全部歸零
- 3. 技術領域突破而非應用和商業模式層面
- 4. 與客戶之間的關係相對簡單

研發型科技公司的風險
- 1. 單一技術，鉅額投入
- 2. 技術創新具有高度不確定性
- 3. 普遍高估 － 易形成泡沫（科技股泡沫）

研發＋重資本投入：摩爾定律與彎道超車

晶片與液晶顯示器行業
- 1. 燒錢快
- 2. 不停上演奪命狂奔和彎道超車
- 3. 無論資本投入、研發還是速度，如果沒有跟上，將面臨長期「水下生存」

鋼鐵是怎樣煉成的：伊隆‧馬斯克與特斯拉的啟示

科技創新公司，人是第一要素
- 1. 堅韌不拔的性格
- 2. 強大的洞察力
- 3. 將設想變為現實的能力
- 4. 連續創業成功者
- 5. 追求極致成就

大賽道才能出大玩家
- 1. 宏大的主題
- 2. 具有廣闊前景的領域

第一性原理，創新商業模式的底層邏輯 ── 拋開原有觀念，回到最基本的限制條件上去重新認識和解決問題

商業模式創新：「跨圈」和「畫新圈」錨定新的價值增長空間
- 1. 汽車 － 燃油車 VS. 電動車
- 2. 太空飛行器 － 政府 VS. 民用；軍事 VS. 商用

英特爾和輝達：領先者的狂歡和追趕者的「彎道超車」

1. 避開領先者主力

2. 在細分市場取得絕對優勢

3. 再投入核心產品研發，實現逆襲

在「平的世界」裡：新技術和新商業模式的結合造就橫空出世的顛覆者

1. 當前的世界給顛覆者創造了絕佳的環境

幾十年甚至百年的「護城河」可以被輕易攻破

2.《世界是平的》一書列舉了輾平世界的 10 大動力

該書中的許多預測已成為現實

3. 蘋果手機顛覆了傳統手機，全球的供應商 200 餘家

4. Paypal、支付寶、微信支付顛覆了傳統支付業務

5. 特斯拉正在顛覆美國傳統汽車業近百年的「護城河」

滾雪球：
消費、服務賽道

不容易被變革所顛覆的穩定坡道

　　消費品和服務業細分行業中技術進步慢或者穩定，產業變化小，監管環境穩定的行業，是孕育「強者恆強」的公司的必要條件。巴菲特投資的大部分公司都有滾雪球型公司的特點，即產業成熟、行業頭部公司、規模大、持續盈利，ROE 高且負債少、業務簡單。

　　可口可樂就是這樣的一家公司，從 2010 年 8 月 24 日到 2021 年 3 月 12 日，可口可樂股價從 13.27 美元上漲至 50.36 美元（見圖 7-1），漲幅為 279%，同期標普 500 指數從 1,160 漲到 3,850，漲幅為 231%，基本與指數漲幅一致，略高於指數報酬率，表現雖然戰勝指數，但並不是很驚豔。如果我們看更長期的數據，從 1986 年 3 月 12 日到 2021 年 3 月 12 日這 35 年期間，

可口可樂的股價從 102.76 美元上漲到 2021 年 3 月 12 日的 3,496 美元（後復權，見圖 7-2），漲了整整 33 倍，簡單平均來看，差不多 1 年漲 1 倍，這個數字遠遠高於標普 500 指數 16 倍的漲幅，比指數漲幅高 1 倍以上，而在這 35

圖 7-1　可口可樂的 10 年征程（前復權）

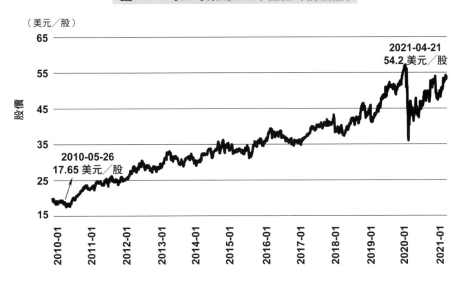

圖 7-2　放長時間看可口可樂股價走勢（後復權）

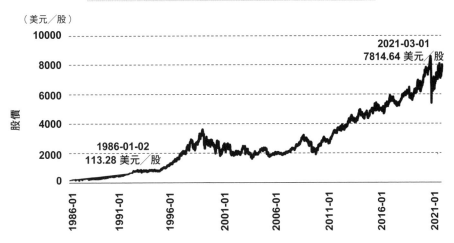

年的歷史中，能夠一直保持這樣高的投資回報的公司可以說是鳳毛麟角。

可口可樂這樣的公司難能可貴的一點就是「穩定性」，在 35 年歷史中，可口可樂不但屹立不倒，而且能夠在快速變革的世界中一直保持穩健的增長，持續地給投資人創造價值，真正做到了穿越牛熊。

自 1886 年，亞特蘭大市一家藥店的藥劑師約翰・潘伯頓（John S. Pemberton）偶然將可口可樂配製出來後，其口味、配方基本沒有改變。可口可樂商標是 1900 年由羅賓遜（Frank M. Robinson）設計的史賓賽體草書「Coca-Cola」字樣，其間雖有細微調整，但 120 年來從未做出重大改變。可口可樂經典玻璃瓶由厄爾・R・迪恩（Earl R. Dean）於 1915 年在 24 小時內設計出草圖，趕在當天機器停下之前做出模具並製造出一些成品，1920 年正式成為可口可樂的標誌性包裝並成功應用了 100 年。可以說，可口可樂的重大元素在該公司 100 多年的歷史中一直保留了下來，形成了強大的品牌優勢，至今仍然生機勃勃。

上文所述這種情況，大部分行業都很難想像，晶片按照摩爾定律，基本每 18 個月性能翻一番；手機基本上一年就是一代新機，每一代新機型跟上一代都有技術或性能上的大幅躍進。從 iPhone 1 到 iPhone 12 5G 版（見圖 7-3），全球手機市場經歷了翻天覆地的變化，從諾基亞、摩托羅拉、愛立信、索尼到蘋果、三星，再到現在的蘋果、華為、小米等等，各手機廠商激烈對決，傳輸技術的快速演進、晶片的摩爾定律、作業系統的博弈，甚至未來汽車、可穿戴設備等的發展都將深刻地影響手機這個行業的發展。處在這樣的產業中，手機製造公司不但要高度關注自身在行業內的定位及行業的競爭格局，而且由於其競爭環境處在高速複雜的變動之中，手機廠商還要關注手機整體產業鏈環境的發展，甚至原本跟手機完全無關的電動汽車產業也可能作為競爭對手橫空出世，根本無

圖 7-3　蘋果智慧手機的演化

2007年　2008年　2009年　2010年　2011年　2012年　2013年　　2014年

2015年　　　　2016年　　　　　　　2017年　　　　　　2018年

法像可口可樂一樣採取 100 年不變、以不變應萬變的戰略來堅守戰略高地，長時間地占據行業的龍頭地位。

　　單從投資的角度看，賣飲料的公司跟高科技公司相比「護城河」更加清晰可見。賣飲料的公司更容易採取相對長期的戰略保持競爭優勢，並且競爭優勢可以長期保持。類似可口可樂這類消費品公司，由於消費者的需求很難被其他科技進步所替代，無論是降低成本還是提高消費者體驗，消費的「賽道」都相對比較清晰，很難被顛覆。其他相關產業的發展以及技術的進步無法對消費品公司形成威脅，行業的邊界清晰，涇渭分明，我們也會發現，過去 100 年乃至更長的時間，消費品行業分類一直非常穩定、清晰，不會像其他行業分類處在不斷變動之中，硬體和軟體、軟體和服務傻傻分不清楚，軟體即服務（SaaS）、硬體軟體化、軟體硬體化之間更是一片混戰。

還是以蘋果為例，賈伯斯帶領的蘋果憑藉一己之力整個顛覆了電腦、音樂傳播、電子出版、手機等領域，而原本這些領域的公司，之前並沒有把蘋果當成競爭對手，對它們來說，蘋果就像一個外星人橫空出世，生產跟它們完全不同的產品，並使用完全不同的商業模式和全新競爭模式，就像不同物種的演變一樣，徹底顛覆了其所進入的行業，連被顛覆公司中最大的公司都沒來得及開展行動，就被消滅在懵懂之中。不僅手機如此，音樂、出版等行業都被這個全新的、來自行業之外的對手迅速擊潰。因此，現代公司之間的競爭，尤其是以科技、商業模式為核心的維度的競爭，是一種動態的、跨界的競爭新模式，我們將會在新商業模式一章中再詳細論述。

富國銀行：戰略定位決定長期價值

監管也是保證行業穩定經營環境的不可忽視的力量，從金融、醫療等行業來看，由於其對於總體經濟、個體生命、健康等的重要性，各國政府都建立了嚴格的監管措施，形成了行業「壁壘」。以金融為例，只有取得牌照的公司才可以經營，對進入行業的公司建立了較高的門檻，使得行業的競爭環境和規則相對穩定，公司可以基於長期來做戰略規劃，一旦建立起競爭優勢，可以長時間保持。

富國銀行（Wells Fargo）是中國招商銀行對標的美國公司，招商銀行和富國銀行在定位上基本一致，即零售銀行之王。富國銀行於 1852 年創立，在其經營生命的前一個多世紀中，一直是一家不溫不火的銀行，其邁向全美的擴張戰略從 1960 年起正式拉開序幕，除去其自身良好的經營以及超高的營業水準外，最大利器便是其先後收購、兼併克羅爾銀行

（1986 年）、第一洲際銀行（1996 年）、西北銀行（1998 年）、美聯銀
行（2008 年）。其總資產由 1997 年的 885 億美元暴增至 2018 年年末的 1.9
兆美元，商業銀行部分總資產規模達 1.69 兆美元，從區域小銀行發展為
美國 4 大銀行之一，2013 年成為全球銀行市值第一的銀行，從 1984 年
11 月 1 日的 24.37 美元到 2021 年 3 月 22 日的 1,517 美元（後復權價格），
過去 37 年間富國銀行的股價增長了 61.25 倍（見圖 7-4）。

圖 7-4　37 年增長 61.25 倍的富國銀行

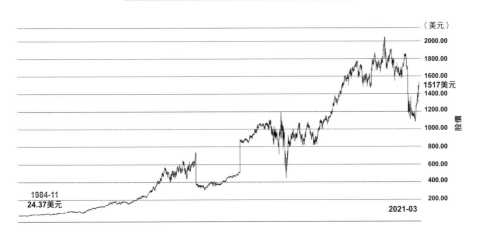

巴菲特於 1989 年開始買入富國銀行的股票，已持股超 30 年。1989
年，富國銀行的股價在 1.18 美元左右，僅在 1990 ～ 2000 年間，富國銀
行的股價便上漲超過 900%，給巴菲特創造了豐厚的回報（見表 7-1）。
巴菲特曾說過：「如果我所有的資金只能買入一支股票，那我就全部買
入富國銀行。」

　　2008 年經濟危機時，富國銀行成功渡過危機一戰成名。當年，美國
銀行股平均跌幅在 70% 左右，而富國銀行卻微微上漲了 1%。

表 7-1　巴菲特歷次投資富國銀行及其收益

年份	波克夏持有股數（萬股）	持有成本（億美元）	當年買入均價（美元）	買入本益比	買入股價淨值比	持有市值（億美元）	投資收益率	年底本益比	年底股價淨值比	備註
1990	500	2.89	57.9	4.3	1.0	2.9	0%	4.3	1.0	增持
1991	500	2.89				2.9	0%		1.1	
1992	636	3.8	67	15.1	1.2	4.9	28%	17.2	1.3	增持
1993	679	4.23	99.3	9.8	1.5	8.8	108%	12.8	2.0	增持
1994	679	4.23				9.9	133%	9.8	22	
1995	679	4.23				14.7	247%	10.6	2.8	
1996	729	4.97				19.7	396%	16.3	1.8	
1997	669	4.12				22.7	551%	19.1	23	減持
1998	6.630	3.92				25.4	648%	25.1	3.1	減持
1999	5.914	349				239	685%	15.4	2.9	減持
2000	5.507	3.19				30.7	961%	20.6	3.6	減持
2001	5.327	3.06				23.2	757%	22.1	26	減持
2002	5.327	3.06				25	816%	14.1	2.6	
2003	5.645	4.63	49.3	13.5	2.4	33.2	718%	16.1	2.9	增持
2004	5.645	4.63				35.1	758%	15.2	28	
2005	9.509	275	592	132	24	59.8	217%	14.0	26	增持
2006	21.817	36.97				77.6	210%	14.4	2.6	
2007	30.439	66.77	35	14.7	2.4	91.6	137%	12.7	2.1	增持
2008	30.439	67.02	254	36.3	1.6	89.7	134%	42.1	18	增持
2009	33.424	73.94	23.2	13.3	1.2	90.2	122%	15.4	1.3	增持
2010	35.894	80.15	25.1	114	1.1	111.2	139%	14.0	1.4	增持
2011	40.002	90.86	26.1	9.2	1.1	110.2	121%			增持
2012	45.617	109.06	324	9.6	1.2	155.9	143%	10.2	1.2	增持

　　富國銀行的標誌是六駕馬車，其在願景中表示「We'll never put the stagecoach ahead of the horses」（永遠不會把馬車放到馬前面）。「驅使

我們每天清晨醒來的動力，是為了幫助客戶實現財務成功，並滿足他們所有的金融需求。富國銀行之所以能維持盈利，是因為我們能專注於服務客戶，而不是別的什麼原因。對富國銀行來說，這個久經考驗的願景高於一切。我們不會本末倒置，也不會把馬車放在馬的前面。」

縱觀美國銀行業100年的監管歷史，監管環境跟危機是分不開的。1907年金融泡沫破滅進而形成對銀行等美國金融機構的擠兌，J.P.摩根等銀行家聯合救市，1913年頒行《聯邦儲備法案》，美聯儲宣告成立。大蕭條後美國於1933年推出《格拉斯－斯蒂格爾法案》，美國銀行業正式進入分業經營時代，一同問世的還有聯邦存款保險制度及限制存款利率上限的Q條例。2008年結構化金融產品違約爆發引發次貸危機，隨後《多德－弗蘭克法案》頒行，加強了對美國銀行業的監管及對消費者權益的保護。

利率市場化以及直接融資市場的發展深刻地改變了金融行業。1975年，美國居民的資產配置中，存款占比55%，但到了1997年，該占比只有26%，而股票和債券的占比大幅上升。「金融去中介化」對銀行業的影響是巨大的。銀行對公業務在經濟週期、危機和監管環境變動中不斷調試，該業務往往存在明顯的週期性特點，尤其是危機來臨時，對公業務占比高的銀行往往大幅減記資產，花旗銀行這種大型銀行的股價在2008年暴跌98%，充分體現了行業週期性波動的特徵。

作為美國4大銀行之一，富國銀行走了一條與其他美國大型商業銀行不同的發展路線，富國銀行堅持以零售業務和財富管理業務為核心，以社區銀行業務為主營業務，雖然經濟週期、經濟危機以及監管環境出現重大變革，但衝擊更多體現在對公業務上，對於以零售為核心的富國銀行衝擊不大。富國銀行能夠取得成功當然是管理和公司經營等綜合

因素的結果，但其六駕馬車所定位的公司坡道顯然是一個特別重要的部分，富國銀行在零售銀行這條穩定的坡道發展，取得了長期的高回報，是「戰略定位決定了公司長期價值」的典範。

長賽道：滿足人的基本需求，行業具備長期的增長能力

賽道就是細分行業。全球消費占全球 GDP 的比重大約為 62%，美國為 68%，中國不足 39%，中國消費市場潛力比任何國家都要大，為公司發展提供了空間；中國出口占 GDP 比重一度達到 36%，但現在已經下降到 17%，中國從外貿拉動到消費驅動的 GDP 增長模式的改變，給中國公司帶來了巨大的發展機遇。

蒙格對可口可樂的看法

查理・蒙格（Charles T. Munger）在《窮查理的普通常識》（*Poor Charlie's Almanack*）中講述過一個關於可口可樂的案例，他拋出了一個問題：

1884 年，在亞特蘭大，你遇到了一個有錢人，他叫格洛茨。格洛茨願意投資 200 萬美元成立一個新公司，進軍非酒精飲料業，並且永遠在這個行業經營，格洛茨為這種飲料起一個名字：可口可樂。他的商業策劃目標是在 2034 年公司整體價值達到 20,000 億美元。

你有 15 分鐘的時間進行提案，你會對格洛茨說些什麼呢？

我們將透過數字的計算來確定我們的目標到底意味著什麼。我們可以理性地猜想，到 2034 年的時候，全世界將有約 80 億飲料消費者。平

均起來，這些消費者按實值計算將比 1884 年的消費者富裕得多。每位消費者每天必須攝入大量的水分來補充人體所需，相當於 8 瓶飲料，而其中只要有 2 瓶是可口可樂，那麼在漫長的 100 多年的時間內，可口可樂就會從一個小作坊成長為全球近 80 億人提供飲料的第一品牌。

　　從蒙格對可口可樂的分析可以看出，他抓住了可口可樂投資本質的特點，在一個超長賽道布局並追求長期的成功。從中國飲料行業發展可以看出整體行業發展的趨勢，根據中商情報網和中國國家統計局的數據，41 年前的 1980 年，中國軟飲料的產量是 28.8 萬噸；1985 年就上升到 100 萬噸；2005 年超過 3,000 萬噸；2018 年達到 1.57 億噸，約為 1980 年的 545 倍；但同時，中國軟飲料高增長的時期已經過去，2011 年中國軟飲料產量為 1.176 億噸；2011 ～ 2018 年的 7 年時間，中國軟飲料市場的增長率已下滑到 4.78%，中國軟飲料行業已經進入穩定增長的階段。

　　滿足全球近 80 億人口的飲料需求，取代白開水成為全球的消費主流，全球每個人要喝的 8 瓶水中至少有 2 瓶是可口可樂，這些概念在 1884 年來看或許匪夷所思，但是從今天看，可口可樂每天銷量達到 18 億瓶，平均每天全球每 5 個人中就有 1 個買了 1 瓶，雖然跟蒙格對可口可樂的期望還有差距，但是應該說，這個差距並不是很大。可口可樂從一個名不見經傳的藥劑師發明的飲料，成長為目前全球軟飲料行業多年保持市值第一的世界性品牌，130 多年的歷程說明，一個能夠滿足所有人基本需求的產品，全球所有人口的需求都應該是該品牌的市場空間，並且該品牌的價值可以隨著通貨膨脹同步提升，企業一旦在這個「主賽道」占據領先的位置，就可以把全世界的所有需求都規劃在內，並且時間跨度可以是上百年，這個時間的跨度甚至長於投資人的職業生涯，長

期價值、複利的魔術在這類資產上精彩演繹，只要給予耐心，投資人可以獲得豐厚的回報。

巴菲特的價值投資理念是大消費和服務行業最佳代表，截至 2020 年第三季度末，波克夏－海瑟威大約 70% 股票持倉集中在 4 支股票上：美國運通（持股 152 億美元）、蘋果（1,117 億美元）、美國銀行（249 億美元）和可口可樂（197 億美元）。

中國過去的「10 年 10 倍」股也體現了滾雪球型公司的特點，過去 20 年中曾創下 10 倍漲幅的股票有 120 支，其中，30 支股票都是消費行業的公司。

濕的雪：分散的行業競爭格局

由於大消費行業的客戶需求多元化，因此不同定位的公司都有自身的細分市場，這在奢侈品行業表現得很明顯，因為個性化需求導致行業不容易形成壟斷優勢，行業相對分散，行業集中度低，所以品牌的運營商往往採取多品牌策略，讓消費者無論如何選擇，都會落在自家的品牌矩陣內。

更為主流的大消費公司充分利用在媒體廣告、零售通路上的重資本投入，從而建立起品牌優勢。頭部公司可以定位於最大的細分市場，巨額行銷費用的有效分攤使得規模化成本下降，品牌建立起「護城河」，獲得相對的競爭優勢。行業集中度就是我們定義的「濕的雪」，中國大消費、服務行業細分市場繁雜，行業集中度低，為頭部企業競爭整合提供了良好的成長空間。

中國的消費行業還存在很大的行業整合的空間，頭部公司發展速度高於行業整體發展速度的趨勢仍然在繼續。白酒是一個特別明顯的行業

增速放緩至負增長的行業，需求連年下滑。但得益於行業內快速整合，頭部公司仍保持增長。跟中國的資本市場白酒市值高歌猛進不同的是，從 2016 年開始，中國的白酒產量和消費量已經達到高峰，當年的產量為 1,300 多萬公秉，2017 年，產量開始轉入下滑通道，2019 年，白酒的產量只有 785.9 萬公秉，3 年累積下滑了 40%，這在任何行業內都是一個非常可怕的數字。但是如果我們看頭部公司，尤其是高端白酒領域，公司的收入和利潤增長都保持在兩位數在增長，沒有受到行業整體下滑的影響。

高端白酒跟次高端、普通白酒雖都屬於一個行業，但增速的差別是比較明顯的，2018 年和 2019 年基本上都表現出「高端、次高端白酒的增速＞大眾高端白酒＞大眾普通白酒」，白酒消費品牌化趨勢仍在延續。

從目前高端白酒的行業格局上看，行業格局已經非常確定，以前各省都有各自的名優產品，都有各自的高端白酒的市場格局已經一去不復返了，高端白酒頭部公司的市場占有率已經穩定在 80%，行業向頭部集中的過程也就成就了頭部公司股價 10 年 10 倍，逆勢增長的神話。

從白酒的整體來看，600 ～ 800 元價位次高端白酒行業集中度明顯低得多，測算頭部公司的市占率只有 34%；低端光瓶酒的集中度更低，頭部公司只占市場份額的 27%。從白酒的行業出現的整體增長率跟行業內公司的增長率的背離，高端白酒也迎合了「少喝酒，喝好酒」的消費升級趨勢。

細分行業增速更快，行業集中度更高，造就了高端白酒在資本市場亮眼的表現，從這個角度看，次高端、低端白酒仍然處於整合的前期，在行業整體產量下滑的大背景下，「賽道」跟「濕的雪」兩種力量博弈，顯然跟頭部的高端白酒質地還是有很大差異，不能一概而論。

消費行業的新趨勢：重構與解構[*]

　　中國資本市場在過去 10 年表現最好的一個行業就是大消費，核心原因在於中國是全球唯一的有 14 億人口且不斷高速增長的市場，消費是我們經濟增長的核心引擎。

　　消費領域兩個趨勢並存：一個是大企業越來越強，品牌越來越厲害；另一個是新公司借助新的基礎設施，包括大數據、5G、快遞等，就可以在短短 10 年之內挑戰原有的霸主。

　　造成這種趨勢的主要原因在於 Z 世代[†]與傳統消費者不一樣，他們更加追求個性化。另外，新通路如直播帶貨，新物流如平臺到家，新技術的應用如大數據、AI，新媒體如抖音、微信、頭條、搜索引擎、新行銷等，都使得一個品牌能夠獨霸天下的局面正在被改變。

　　消費行業本來並不複雜，它不像數位新媒體產業（TMT）難以理解，但是在 2020 年年末的時間點來看，這個行業讓人越來越看不懂。

　　消費品如酒、藥、食品都是在我們身邊的，但是最近上市的幾家公司有幾個趨勢值得大家關注，比如在 2020 年年末在香港上市的盲盒行業公司泡泡瑪特，它不是很好理解的一個行業，它的商業模式跟現有的完全不一樣，這是一個新的現象，代表了一個新時代。這家公司成立的時間並不長，就已經在香港上市了，現在市值差不多 1,000 億港元，在消

---

[*] 本節內容源自 2020 年 12 月 12 日，作者在《財經》雜誌、財經網、《財經智庫》、《證券市場周刊》聯合主辦的「三亞‧財經國際論壇：後疫情時代的應對與抉擇」上的發言。

[†] 指 1995 ～ 2009 年間出生的一代人，他們一出生就與網路資訊時代無縫對接，受數位資訊科技、即時通信設備、智慧手機產品等影響比較大。Z 世代不僅個性鮮明、視野開闊、理性務實、獨立包容，而且其作為一個十分龐大的消費群體，消費潛力不可限量；他們有著與眾不同的消費習性、消費擇選和消費方式，並且形成自己獨特的消費品位、消費模態和消費特質。

費行業市值如果上千億港元，是個了不起的成就。

A股化妝品行業最大的公司目前為止市值也只有 300 億元，而一家創業了 5、6 年的盲盒公司，市值能上 1,000 億港元，非常令人驚訝，這個得益於新的消費人群（「00 後」）的產生，與新的消費趨勢的出現，因此一些相關公司也值得大家關注。例如大家如果關注美妝行業，也會關注最近港股上市一家彩妝公司，它的市值也是 1,000 億港元左右，它與泡泡瑪特有相同的特點，於 2016 年創業，到現在只有 4、5 年時間。但跟盲盒不一樣的是，它不是一個新的商業業態，彩妝化妝品的公司數量是非常大的。然而，如果大家有到中國各大城市去看，中國的化妝品品牌是很少的，這個行業在過去 20 年之內，基本被外資所壟斷，就連小護士、大寶這幾個有限的國有品牌也大部分被外資收購了。現在 A 股上最大的化妝品行業只有 300 億元，但這家公司目前為止創業 4 年時間，市值就已經達到了 1,000 億港元，所以這也是非常值得大家去關注的一個情況。

為什麼這些企業能夠在這麼短的時間之內，在全球消費行業都是巨頭壟斷的情況下能夠成長起來？

最近 10 年，整個消費行業是資本市場中表現最好的，該行業的一個趨勢是品牌越來越集中，像高端酒類的公司市場占有率向頭部集中的情況非常明顯。

一方面，行業頭部集聚正在加劇；另一方面，一些新興的品牌在短期內崛起，新的公司能夠挑戰行業龍頭公司，這兩個矛盾的趨勢同時存在。

另一個值得關注的行業趨勢是「下沉」，這裡有成功的案例，也有失敗的案例，這也是兩個矛盾的趨勢同時存在的證明。達芙妮、富貴鳥等很多服裝品牌，以及像李寧這種運動品牌下沉到三四線城市，在「下

沉」過程中失敗了；也有成功的，比如拼多多短時間內在三四線城市就取得了成功。這是我分享的現象以及我對這個事情的一點解讀。

消費是未來經濟增長的核心引擎，我們經常講「三駕馬車」，以前「三駕馬車」中外貿是主要的引擎，20 世紀 7、80 年代外貿最賺錢，接下來就是房地產投資，最近消費成了增長的核心引擎。

當前的消費還有另外一個特點，就是建立在新基礎設施上的新消費，我們講的消費基礎設施有很大的切換，如果說一個最主要的變化，那就是新基建，即新基礎設施的建設，尤其網路電商、支付技術，還有物流這幾個行業的發展，是中國消費市場目前矛盾現象的源頭。

圖 7-5 展示了中美兩國消費品零售總額對比，深色直條是中國的消費零售總額，大家會看到，2020 年零售總額會超過美國，成為全球最大的零售消費市場，這是中國未來發展的一個核心動力，這也是為什麼在過去十幾年消費行業表現這麼好的一個主要原因。

2019 年之前美國消費支出占 GDP 比重一直是超過 70% 的，中國其實是從 50% 迅速地增加（見圖 7-6），現在正在快速趕超，這是全球經

圖 7-5　中美兩國社會消費品零售總額對比

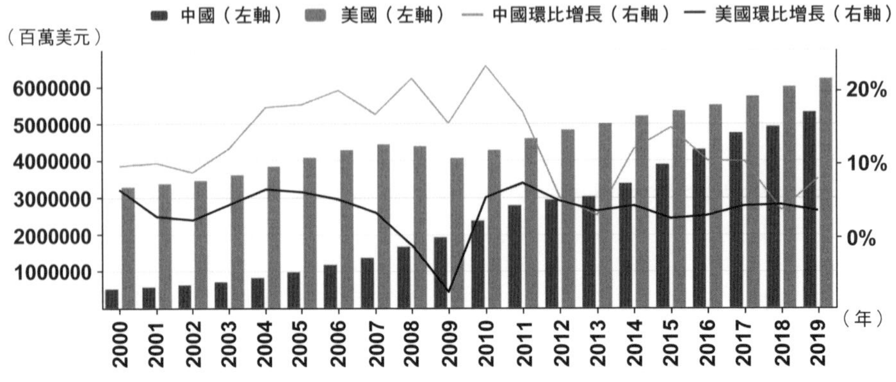

圖 7-6 中美兩國消費支出占 GDP 比重的對比

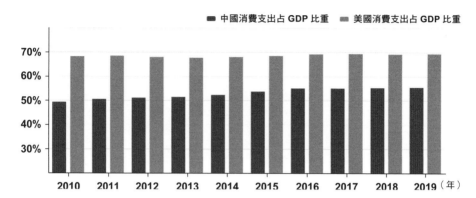

濟增長一個大趨勢。中國的經濟增長其實是一個教科書式的變化，因為經濟增長，尤其是後進的國家追趕發達國家，應該就是從外貿引擎到投資這個引擎，再切換到消費。可以看到，中國已經進入了消費拉動經濟的一個階段。

談到消費的新趨勢，主要還是電商，阿里、拼多多、京東這些電商實際上構成了中國消費的基礎設施，而美國的消費基礎設施還是傳統型的，跟中國相比還是落後的，中國新基礎設施的發展深刻改變了行業的發展規律，所以由於這幾個電商巨頭的崛起，中國的消費呈現了一個新的趨勢（見圖 7-7）。

在行動網路、5G、網路零售電商、行動支付技術、直播、AI 等這些新的技術領域的發展，中國遠遠要領先於全球其他國家。

像泡泡瑪特這樣的公司，還有基於網上銷售的彩妝這樣的公司，都建立在新的基礎設施上，其中起到重大作用的，第一是網路電商發展，第二是電子支付的發展（見圖 7-8）。

第三是新基礎設施的一部分，就是物流行業的大發展，尤其是快

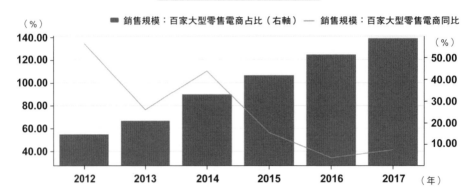

圖 7-7　中國電商銷售趨勢

■ 銷售規模：百家大型零售電商占比（右軸）　── 銷售規模：百家大型零售電商同比

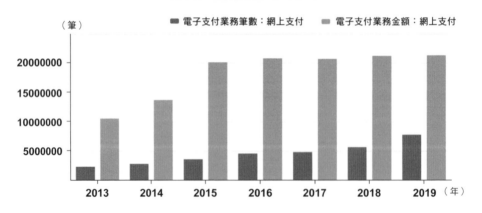

圖 7-8　中國電子支付的發展

■ 電子支付業務筆數：網上支付　■ 電子支付業務金額：網上支付

遞。現在說的物流和快遞，在 20 年前我還在做交通運輸行業分析師時，研究重心更多的是「鐵公機」，也就是鐵路、公路和航空，但是交通運輸最大的幾家公司都是快遞公司，快遞和物流的發展，這是近 10 年中國另外一個比其他國家領先的部分。網路電商、滲透率很高的行動支付技術、物流快遞的發展構成了中國消費行業的新基礎設施。

　　整個物流成本，大家看到快遞業務平均單價是快速下降的，每一年

圖 7-9　中國快遞價格變化趨勢

—— 全年快遞業務平均單價：異地快遞　—— 全年快遞業務平均單價：同城快遞

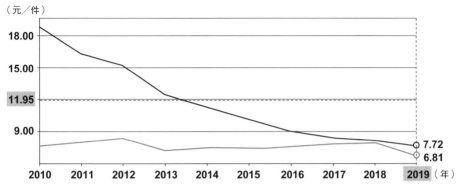

（元／件）

18.00

15.00

11.95

9.00

7.72

6.81

2010　2011　2012　2013　2014　2015　2016　2017　2018　**2019**（年）

都大幅度下降，從 10 幾元，現在降到 6、7 元的水準（見圖 7-9）。

　　新基礎設施給消費行業帶來一些特別深刻的變化，深刻變化之一就是消費行業公司「下沉」*趨勢*。因為中國有了新的基礎設施，於是帶來了城鄉二元經濟的大變局，打破了城鄉割裂的市場的局面。

　　對於二元經濟的相互融合和內部整合的新*趨勢*，我們該如何去理解呢？以前我們經常會說中國有 14 億人口，有很大的市場，但很多市場卻是無效的。鄉村市場雖然有人口，但是沒有購買力。隨著經濟發展，人均 GDP 在增長，中國已經形成了多梯度的有效市場，因為沿海的發達城市和內陸完全不一樣，隨著智慧手機的普及（見圖 7-10），從電商到行動支付再到快速倉儲，整個基礎設施都在下沉，差不多有 10 億人口都屬於以前不被關注的市場，但是隨著這些新基礎設施的發展，這些城市有了購買力，使我們消費市場呈現出來鮮明的二級或者多級消費市場的特點。

　　中國現在行動網路滲透率達到了 85%，使得中國的有效市場正在不斷擴大，所以在未來 10 年，整個中國消費市場的增長速度以及品牌的

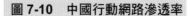

圖 7-10 中國行動網路滲透率

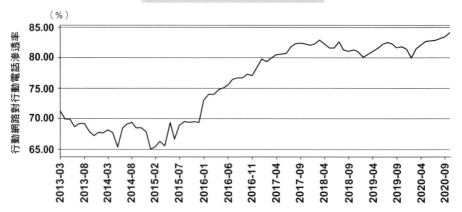

增長速度應該快於 GDP 的增長速度，主要原因是我前文所講的收入的增加，以及新基建的發展使原來非有效市場變成了有效市場。

從「十四五」規劃可以看到，中國未來將會形成以大灣區、長三角、京津冀為核心的第一梯隊，以長江經濟帶、川渝經濟帶為第二梯隊，與日本類似的格局，東京、大阪經濟帶以外的地方跟這兩個城市既融為一體，又不盡相同。

圖 7-11 顯示出中國未來人口和 GDP 都集中在大城市，2020 年中國人均 GDP 超過了 10,000 美元，全世界發達國家高收入門檻差不多是人均 GDP 20,000 美元，但是大家從圖 7-11 可以看到，中國現在的市場呈現出多梯度的特點。

目前，上海、北京、深圳是第一個梯隊，它們的人均 GDP 在 35,000 ～ 38,000 美元，而美國一線城市的數字是 60,000 美元，所以中美一線城市還是有差距，但是屬一個區間之內。而重慶、蘇州、成都、天津這個梯隊的城市是 10,000 ～ 30,000 美元，這是個完全不一樣的區間。中國比較大，經濟發展不是很平衡，造成了這個區間的市場特別多，圖

圖 7-11　中國 GDP 和人口集中度

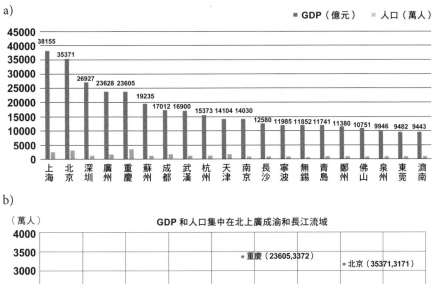

7-11 也能夠說明中國國內現在為什麼品牌的情況非常複雜，為什麼一些品牌可以實現逆襲，主要的原因就是原來不是非常有效的市場現在變成了有效市場。現在很多品牌是成功從二三線發展起來的，然後逆襲到一線，目前在北京、上海這樣的一線城市你還看不到這個品牌的消費品，這是特別值得關注的一個新的趨勢。

　　從中國高鐵規劃的角度看，中國未來城市之間有效市場變得越來

融合，很多地方西北城市的品牌跟一線城市應該有相同的趨勢。而從機場建設的角度來看，2025年民用機場的規劃，主要還是將無效轉化為有效，有一些地方在沒有高鐵、沒有機場情況下，是談不上有效市場的，但是現在來看中國這幾年應該在發展，大家會看到高鐵機場開通了以後，很多地方都變成了有效市場，給很多品牌創造了非常好的機會。

新基建帶來的變化如圖7-12所示。

圖 7-12　新基建帶來的變化

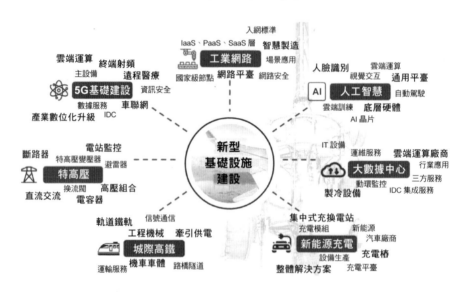

總的來看，消費的一個趨勢是，消費行業在向大品牌集中，像酒、醬油很多行業都呈現出集中特點，行業發展速度並不快，醬油包括調味品行業整個一年增長率並不高，但是頭部企業現在價值增長很快，原因是一個向頭部集中的過程，大家更願意消費品牌產品，這是在全世界都有的特點。另外一個趨勢是，成立了不到5年的新公司，例如咖啡行業

的三頓半、燕窩行業的小仙燉，以及在中國的出貨量和銷售量已經超過了可口可樂的元氣森林，都在飛速增長。

其實美國也有這兩個趨勢，美國有一家做刮鬍刀的公司，它在美國增長的速度遠遠高於吉列，大家看到這兩個趨勢同時存在，大的越來越強，品牌越來越厲害，而同時新公司借助這種網路，借助如圖 7-12 的大數據、5G 等新基礎設施，以及借助快遞的發展，就可以在短短 10 年之內挑戰原有的霸主。

造成這種現象主要有兩點，一個是主要原因 Z 世代的年輕人，跟以往的世代不一樣。尤其「00 後」一代更加追求個性化，更喜歡體驗情感交流。馬化騰曾說，現在的小孩子基本不怎麼用微信，反而會用 QQ，他們不願意跟父母使用同一款社群工具，影片他們願意用嗶哩嗶哩（bilibili），消費他們喜歡選擇盲盒，這些只有「00 後」才喜歡的公司是消費新勢力，他們讓盲盒概念的公司在短時間內達到千億港元市值。

在原有的端到端物流之外，新物流也在湧現，比如平臺到家式物流給物流行業帶來了很大的變化。像美團這種公司的物流，就不再是原來傳統地從一個城市到另外一個城市，更多是到家服務。此外隨著新技術的應用，大數據、AI 技術的進步，一個平臺服務不同的客戶，甚至一個品牌服務不同的客戶成為可能。以抖音、微信、頭條、搜索引擎為代表的新媒體，加上數位行銷的方式，帶來行業一個解構。原本像雀巢公司一家獨占的速溶咖啡市場，就會因新消費出現使得行業被解構，由於個性化需求，強調體驗的需求，使得一個品牌能夠獨霸天下的局面正在被改變。3D 列印等技術帶來了供給端變革，比如特斯拉這家公司，僅僅成立了 10 年就能快速崛起，主要還是基於供給端的變化，就是現在的機器人平臺。隨著機器人的大量使用，原來企業積累的供應鏈管理等能

力在新的供給端面前變得競爭優勢不再那麼明顯，原來形成的壟斷優勢要面對 3D 列印、柔性生產線、機器人大量使用等新的衝擊。當下企業從零到一的過程很快，所以也讓我們為個性化需求提供了低成本的解決方案，這也是我們這個時代帶來的新變化。過去通路就是通路，媒體就是媒體，只要企業能夠在電視上做廣告，就能夠搶占這個通路，比如沃爾瑪這樣的公司能夠強占通路，建立起品牌優勢，並且規模越來越大，但現在大家可以看到，媒體已經顛覆了原來電視媒體，變成個性化的新媒體，你看的新聞頭條跟我看的新聞頭條是不一樣的，一個品牌被解構的可能性變得越來越高了。

最後就是重構（見圖 7-13），傳統的認知渠道透過電視或雜誌單向行銷，產品是自研發起自上而下發生的，購物主要方式是水泥＋滑鼠，有限的接觸以及客戶服務呼叫中心的標準話術，都是消費企業的典型特點。但現在新的趨勢是社群化、數位化和互動化，意見領袖和意見消費者借助主流社群平臺，發表自己的見解。在產品方面，更多的是用數據

圖 7-13　認知渠道、產品、購物方式以及客戶服務的重構

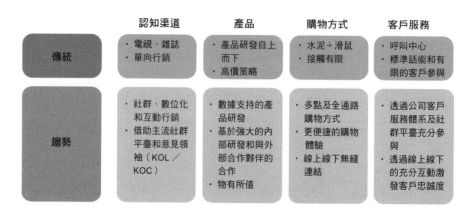

	認知渠道	產品	購物方式	客戶服務
傳統	・電視、雜誌 ・單向行銷	・產品研發自上而下 ・高價策略	・水泥＋滑鼠 ・接觸有限	・呼叫中心 ・標準話術和有限的客戶參與
趨勢	・社群、數位化和互動行銷 ・借助主流社群平臺和意見領袖（KOL／KOC）	・數據支持的產品研發 ・基於強大的內部研發和與外部合作夥伴的合作 ・物有所值	・多點及全通路購物方式 ・更便捷的購物體驗 ・線上線下無縫連結	・透過公司客戶服務體系及社群平臺充分參與 ・透過線上線下的充分互動激發客戶忠誠度

支持產品研發，購物方式是多點、全通路的，線上、線下無縫連接，線上和線下在當前來看並不是矛盾的，實際上在新趨勢下是整合的，客戶服務更多透過客戶服務體系以及線上、線下的互動來激發顧客，這是我們作為投資人特別關注到的新現象。

關於前、後復權（P.089）

「復權」是針對股價和成交量進行權息修復的計算（還原股價），以便依此繪製股價走勢圖，消除除權息後造成的價值走勢突變，保持線圖的連續性。

經過復權調整後的股價並非實際交易價格，僅適用於計算報酬率，多用於量化分析或統計時使用。根據計算方式不同，又可分前復權與後復權兩種：

「前復權」保持現有價格不變，縮減以前的價格。公式為：復權後價格＝（復權前價格－現金紅利）／（1+ 流通股份變動比例）

「後復權」保持先前價格不變，增加以後的價格。公式為：復權後價格＝復權前價格 ×（1+ 流通股份變動比例）＋ 現金紅利

第七章
滾雪球：消費、 服務賽道

- ### 不容易被變革所顛覆穩定的坡道
  - #### 消費品和服務細分行業
    - 技術進步穩定或者較慢
    - 產業變化小
    - 監管環境穩定
  - #### 巴菲特所投的很多公司據具有這樣的特點
    - 產業成熟／行業頭部公司／規模大／持續盈利／ ROE 高／負債少／業務簡單

- ### 富國銀行：戰略定位決定長期價值
  - #### 穩定的監管環境是保證行業穩定發展的重要力量
    - 嚴監管形成行業壁壘
    - 金融行業只有「牌照」才能經營
  - #### 戰略
    - 定位：零售之王
      - └ 區別於傳統銀行，以對公業務為核心
      - └ 對公業務嚴重受經濟週期影響
    - 願景：幫助客戶實現財務成功，並滿足他們所有金融需求

- ### 長賽道：滿足人的基本需求，行業具備長期的增長能力
  - #### 可口可樂
    - 飲料，水
      - └ 水是人類每天的基本需求
        - └ 目標：一天 8 瓶水，其中 2 瓶是可樂
    - 目標：全球近 80 億人的飲料需求

濕的雪：分散的行業競爭格局

濕的雪
- 行業集中度高

以中國白酒行業為例
- 白酒整體需求下降
- 一線和二三線白酒嚴重分化
- 某一線白酒品牌的市占率已穩定在 80%
- 行業集中度不斷上升

中國消費行業的新趨勢：重構與解構

濕的雪
- 消費將成為中國經濟增長的核心引擎之一
  └ 14 億人，消費市場足夠大

趨勢
- 原有細分行業集中度越來越高
  └ 大企業越來越強，品牌越來越厲害
- 新興品牌短期內崛起
  └ 借助新基礎設施，新企業可以在短短 10 年內挑戰原有行業霸主
- 「下沉」
  └ 市場下沉到三四線以下地區
- 消費、服務方式重構
  └ 消費主力人群偏好＋新基礎設施
  └ 認知、產品、購物方式和客戶服務的重構

泥石流：
新商業模式公司

客戶即價值：跨界新物種的八爪魚增長模式

網路科技特別是行動網路的發展，讓企業獲得用戶（流量）的效率呈現幾何級的增長，原因在於，一方面，用戶帶用戶的模式使得存量用戶越來越多，用戶增長越來越快，這些是傳統企業根本無法實現的；另一方面，企業可以不受地域時空的限制，以遠低於傳統門市、廣告等方式的成本獲得用戶，大大降低了獲得用戶的成本。同時，提供服務的能力也得到極大提升，幾億用戶同時上線，受益於平臺內用戶的互動，企業的邊際運營成本大幅度下降，比如微信上同時上線人數越多，用戶間的互動越頻繁，客戶的體驗就越好，滿意度就越高，客戶創造的價值也越高；再比如抖音、網路遊戲這類平臺型公司，同時上線的用戶越多，

用戶的互動會顯著地提升消費體驗，提升客戶滿意度和黏性。然而，對於傳統的非網路公司，例如餐館、醫院等機構來說，如果需求超出其服務能力，哪怕多一個人，客戶滿意度等邊際成本都會出現大幅度攀升，甚至服務乾脆無法實現。

基於行動網路技術的平臺型公司由於具有以上的3個優勢，即獲客效率極大提升、獲客成本大幅度下降和消費體驗提升，以客戶流量為核心運營的公司創造價值的能力得到了極大的提高，加之同時服務多客戶的能力使其運營成本不受傳統公司的邊際容量的制約，新商業模式公司被賦予了強大的跨界經營的能力。

新商業模式公司可以顛覆傳統的行業和公司，在圖書零售、娛樂、金融服務等眾多領域實現相對現有頭部公司的競爭優勢，更加值得注意的是，由於新商業模式公司的競爭優勢源於客戶獲取成本和客戶邊際成本的優勢，因此，只要是現有客戶的相關需求，滿足相同或者類似需求從而進一步降低單一客戶的獲客成本，都成了現有新商業模式公司可以跨界的領域。新商業模式公司像八爪魚，不斷突破自身的行業屬性，進入客戶需求的相關領域，從而顛覆現有的行業格局。

當然，除去獲客成本以及邊際效率的因素，行業內現有公司的運營效率也是決定新商業模式公司能否成功「入侵」該領域的重要因素，如果原本行業內公司運營效率非常高，行業集中度高，新商業模式公司在客戶方面的成本不能彌補產品或者服務方面的成本劣勢，新商業模式的公司也不會「入侵」成功，換句話說，新商業模式公司雖然可以像八爪魚一樣擴張，但是這種擴張還是有邊界的。

以客戶為核心的價值創造在行動網路新商業模式公司不僅僅指的是一站式滿足客戶相關多樣需求，從而實現客戶需求體驗的最大化，更為

重要的是，滿足一個客戶的多種需求可以進一步降低客戶的獲取成本和邊際服務成本，增強公司的成本競爭優勢。在資本市場上，投資人也非常清楚地給予了基於客戶的估值邏輯，對新商業模式公司的收入和利潤反而不敏感，用戶數、月活、單客戶價值等指標成為衡量新商業模式公司價值的新指標。

圖 8-1 是全球網際網路流量變化圖，淺色的線代表流量，從最早的1995 年到 2018 年，網路的流量增加了 100 萬倍；圖中深色的線，表現的是 23 年來全球網路公司的市場價值（市值）。我們可以看到兩條線高度重合，這意味著網際網路的流量和網路公司的市值，成正比地同步暴增。這足以證明，過去這 2、30 年來，網際網路是最大的投資趨勢和發展方向，客戶就是新商業模式公司的核心價值。

圖8-1　全球網路流量與網路公司市值的變化圖

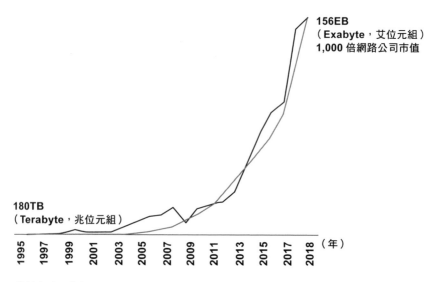

資料來源：軟銀。

　　基於行動網路的技術創新和以平臺商業模式為主的商業模式創新，導致了最近20年產業發展的3個新的現象。第一，產品從誕生到用戶達10億的速度比以往任何時候都要快。第二，價值創造的速度更快，公司價值成長的過程很難區分0到1和1到1億的過程，因為從0到1的成功就已經意味著公司價值的大幅度提升、商業模式的確立以及價值成長曲線基本確定。蘋果從創業到上市3年，估值就直接從1,000萬美元到10億美元，然後就開啟了從10億到2兆美元的征途，亞馬遜上市也是如此。第三，產業更替的速度更快，新商業模式公司八爪魚一樣擴張，迅速進入和改變眾多的產業，幾乎絕大部分產業都面臨著重構的威脅。

　　新商業模式公司價值跟用戶增長的趨勢是一致的，這也創造了歷史上用戶增長和公司價值增長最快的時期，這完全有別於過去任何一個時期科技創新帶來的顛覆性價值創造的結果。

　　從中國的實踐來看，微信用戶從0到1億只用了433天，抖音速度更快，基本1年搞定，快手用了差不多2年（見圖8-2），小米米柚（MIUI）用了4年半時間。

　　億級用戶量，對於傳統產業來說需要耗費幾十年甚至上百年的時間去積累，但是以行動網路和商業模式創新為核心的科技企業，區區1年甚至更短的時間，就能夠趕超傳統公司幾十上百年的努力成果。

　　新商業模式公司還展現出在價值創造上的新的機制，即價值增長除了來自自身行業的增長外，還源於其在相關行業內的擴張，這種新型的多元化並沒有體現出傳統多元化公司在管理效率方面的衰減，反而進一步提升了客戶價值，如果資本市場的投資人也認同其多元化的邏輯，公司價值則會得到進一步提升。

　　19世紀初，英國人瓦特改良蒸汽機之後，蒸汽機、煤、鐵和鋼是促

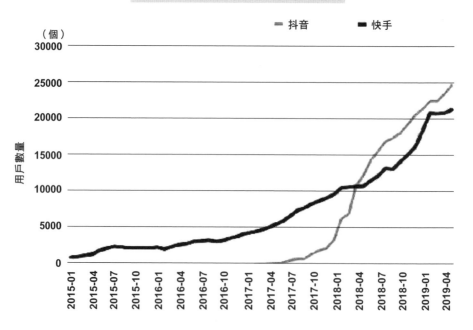

圖 8-2　抖音與快手的用戶增長情況

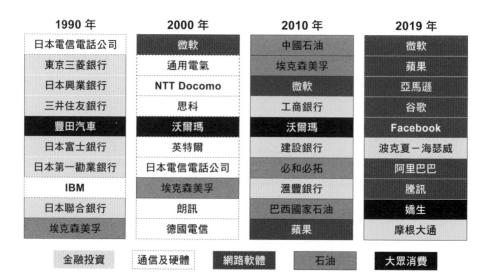

圖 8-3　全球市值排名前十的公司變遷

1990 年	2000 年	2010 年	2019 年
日本電信電話公司	微軟	中國石油	微軟
東京三菱銀行	通用電氣	埃克森美孚	蘋果
日本興業銀行	NTT Docomo	微軟	亞馬遜
三井住友銀行	思科	工商銀行	谷歌
豐田汽車	沃爾瑪	沃爾瑪	Facebook
日本富士銀行	英特爾	建設銀行	波克夏－海瑟威
日本第一勸業銀行	日本電信電話公司	必和必拓	阿里巴巴
IBM	埃克森美孚	滙豐銀行	騰訊
日本聯合銀行	朗訊	巴西國家石油	嬌生
埃克森美孚	德國電信	蘋果	摩根大通

金融投資　　通信及硬體　　網路軟體　　石油　　大眾消費

成工業革命技術加速發展的 4 個主要因素，由此衍生出複雜的工業門類和體系。根據中國工信部數據，中國擁有 41 個工業大類、207 個中類、666 個小類，成為全世界唯一擁有聯合國產業分類中所列全部工業門類的國家。由此可見，工業革命中蒸汽機、電力等科學技術基礎科學的創新的外溢效果顯著，一項科技創新可以被眾多產業分享技術成果，創造出多個產業門類，提高多個產業的生產效率，解決了大量的人員就業，給投資人創造了價值。

這一輪基於網路科技創新的成果在世界範圍內所有產業範疇的分配高度不均，矽谷的科技巨頭基本占據了美國本輪資訊革命大部分的成果，幾家巨無霸公司的崛起創造了目前美國資本市場絕大部分的新增市值（見圖 8-3）。

回溯過去 10 年，美股出現了許多 10 年 10 倍的股票，這些公司都有創新商業模式驅動的特點，如亞馬遜、Netflix、蘋果、微軟、Paypal、谷歌等公司（見圖 8-4）。清華大學朱武祥教授及北京大學魏煒教授認為，商業模式是利益相關者形成的交易結構，而企業如何與利益相關者形成交易結構是商業模式的核心。

新商業模式不是雪球，是泥石流

新商業模式公司的創始人通常是看見了技術創新帶來的新機會，透過整合利益相關者之間的經濟安排，找到了新的符合每一方利益的合約形式。由於每個利益相關方從合約中獲得了比以往更高的回報，這種合約形式比以往更加穩固並且越來越流行，從而形成新商業模式公司，以行動網路為基礎的平臺型公司成為這類公司的主流，但新商業模式公司

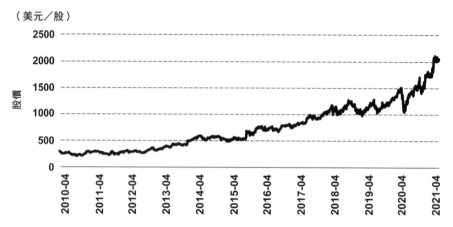

圖 8-4 谷歌的股價變遷

（美元／股）

注：谷歌股價從 2011 年 3 月 9 日 295 美元，到 2021 年 3 月 9 日收盤價 2,040 美元，10 年漲幅達
到 5.9 倍，期間最高價為 2,145 美元，相當於股價翻了 7.27 倍。

的形態是多種多樣的，不僅限於網路公司。

　　平臺型公司構建了基於行動網路的新商業模式，利益相關方牢固的
商業關係使得這種交易結構本身就創造了競爭優勢。平臺型公司的競爭
優勢並不主要源於技術，而源於平臺幾千萬的商戶或者幾億、十幾億的
用戶。平臺型公司使得平臺的各參與方（商家和消費者）都很難離開平
臺，競爭對手也很難打破這種已經建立的牢固關係。這種牢固關係形成
了公司發展的「勢能」，這樣的公司就像泥石流一樣，從山上奔騰而下，
原有的賽道、地貌被徹底改變，行業原來的競爭格局徹底被改變。

　　科技發展尤其是行動網路的發展是新商業模式公司的原動力，本輪
以網際網路技術、AI 技術等技術創新以及構建在新技術之上的企業商業
模式創新為代表，形成了數位經濟的商業生態，具有數位經濟商業模式
的平臺型企業具有強大的競爭力，商業生態變化如泥石流一樣，一旦形
成，勢不可擋。

　　剛開始，這個過程是簡單的技術創新和應用帶來的行業工具型創新，門戶網站、郵件、網上支付等新的工具型公司的出現替代了原有的舊模式，隨著價值轉移，形成了工具型公司的創新「暴雨」。

　　隨著傳統行業的數位化進程深入演進，大量企業與電商平臺、社群平臺、手機應用平臺形成新的合約模式，隨著應用型公司不斷加入，「暴雨」變成了「泥水」，平臺型公司以及在其平臺上運營的應用型公司構成了新的商業生態，替代了原有的商業生態。

　　新技術實現了新的應用場景和市場參與者新的組合，顛覆了原有企業的「護城河」，比如電商生態很大程度上取代了商場、百貨、雜貨店、集貿市場、超市等原有的商業生態，社群平臺取代了單一通信、書信、電子郵件、遊戲等；新的商業生態有自我加強的內在動力，規模越大，生態下的企業受益越明顯，政策、行業監管等外部因素向有利於新商業生態的方向轉變，「泥石流」最終形成。

　　數位經濟時代，企業之間個體的競爭變成了構建在商業模式之上的商業生態的競爭，居於商業生態中心的企業具有新的競爭優勢，即商業模式優勢，這種數位經濟時代的商業模式企業優勢體現在：

- 自我加強，決定這些企業競爭優勢的是平臺企業與應用型企業透過大數據形成的海量合約關係，即使它們一開始弱小，但基於商業模式優勢，其自我加強的新的商業生態形成，價值流向新的商業生態。
- 平臺為王，強者愈強。商業生態擴張使得生態內企業獲益，而平臺型公司獲取了數位商業生態下的大部分價值，企業的規模經濟、範圍經濟優勢明顯。
- 數位經濟的核心「數位」通用性使得行業邊界被重構，零售、金融、

娛樂等可以被同一生態體系所顛覆，進一步提升了數位經濟新商業模式企業的價值。

創新商業模式類企業的核心不在於技術，而在於應用，它是技術創新基礎上的商業實踐，美國近 20 年的經驗證明，單純的技術創新或硬科技固然是公司創造價值的原動力，畢竟研發創造價值，但是，基於新技術的應用環節的商業模式創新有很大可能創造出更加驚人的價值，因此，以新商業模式公司為代表的軟科技類公司更應該被投資人關注。

亞馬遜：2367 倍漲幅，商業模式制勝

亞馬遜（股票代碼為 AMZN.US）成立之初只是一家線上圖書銷售商，但現在，它已成為運營多種業務的商業巨頭，市值近 1.6 兆美元。1997 年 5 月 15 日，亞馬遜在那斯達克以每股 18 美元的價格進行了首次公開募股（IPO）。若當天買入 1 萬美元的亞馬遜股票，該筆投資在 2020 年峰值時價值 2,368 萬美元，相當於增長了 2,367 倍。換句話說，亞馬遜上市 23 年的複合年報酬率相當於每年 40.19%，而同期標普 500 指數的年化增長率僅為 6.54%。

亞馬遜股價 20 世紀 90 年代中後期開始上漲，1997 ～ 1999 年上漲了大約 100 倍，然後在 2001 年網路泡沫破滅後大幅下跌至 6 美元。1999 年年底，亞馬遜的股價創下了 100 美元左右的高點。2000 年 6 月 22 日，雷曼兄弟債券分析師拉維・蘇里亞給客戶發出了一份研究報告，提醒客戶小心亞馬遜已經發行的可轉換債券。在這份 27 頁的報告中，拉維・蘇里亞說亞馬遜「資產負債表脆弱，營運資本管理糟糕，運營現金流大幅為

負值」，他認為這家公司的債務「極其脆弱，且正在惡化」，強烈建議投資者避免投資其可轉債。拉維‧蘇里亞乾脆給亞馬遜開出了「病危通知書」。他說，「這家公司將在 1 年內燒光所有現金，因為其運營表現很糟糕，這反映出亞馬遜的商業模式從根本上就行不通」。

到了 2001 年 3 月，亞馬遜的股價只有 10 美元／股左右，之後幾次跌破 10 美元／股價位。亞馬遜的股價已經較之前的高點跌去了 90%，正經歷新商業模式公司的「至暗時刻」（見圖 8-5）。

圖 8-5　亞馬遜 2000 年左右的股價

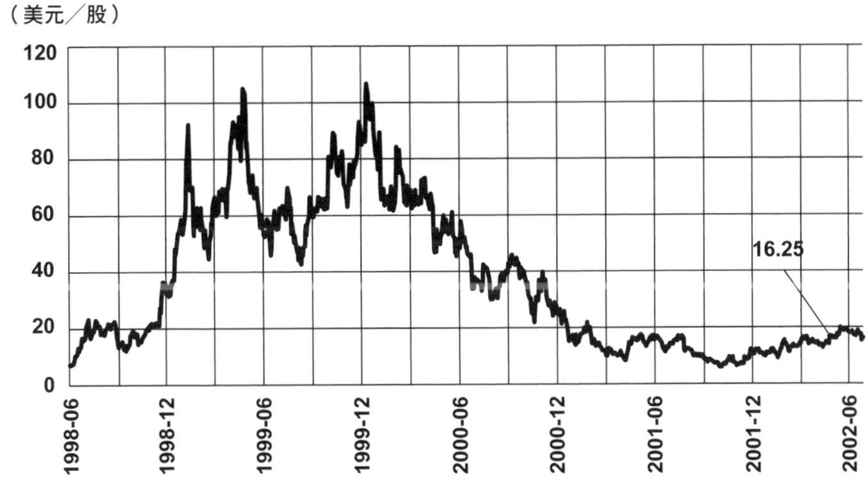

（美元／股）

但有「網路女皇」之稱的摩根士丹利添惠公司的網路分析師瑪麗‧米克（Mary Meeker）力挺亞馬遜。米克認為，當年末的購物季對亞馬遜來說將是「要麼成功，要麼毀滅」的關鍵時刻。

雖然 2000 年購物季亞馬遜的表現並沒有達到投資者的預期，但在 2001 年的後兩個季度，這家公司竟然實現了經營利潤為正，並且手握 10

億美元的現金，2002 年第一財報季度實現盈利 500 萬美元，亞馬遜這才走出破產陰影，從此走上陽關大道，成為多個產業的「泥石流」，成功顛覆了多個行業，創造了上兆美元的價值（亞馬遜股價的歷史走勢見圖 8-6）。

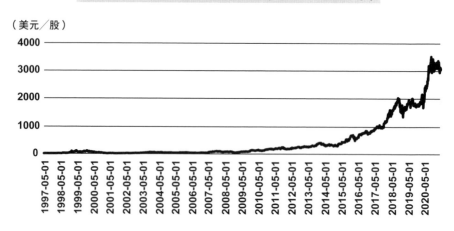

圖 8-6　亞馬遜股價的歷史走勢（1997 ～ 2021 年）

天降暴雨，亞馬遜橫空出世

　　1995 年，網路書店 Amazon.com 上線，立志成為「地球上最大的書店」。彼時，兩大線下書店巨頭巴諾書店（B&N）和 Borders 都是行業巨頭，行業處於寡頭壟斷的狀態，外部競爭者很難進入。尤其是巴諾書店，它 1873 年由查爾斯·巴恩斯（Charles M. Barnes）創辦，在亞馬遜上線的 1995 年，巴諾書店已經是擁有 120 多年歷史的行業巨頭了，旗下 1,300 多家零售店，35,000 名員工，同時擁有全美最大的大學書店，即巴諾大學書店，服務 400 多家高等教育學校，歷史悠久，行業地位穩固。

　　但貝佐斯相信未來屬於網路書店，他在 1997 年的年報中說：「我們

站在風口，大規模的商家整理資源以待線上售賣的機會，同時從未在線上購物的顧客們正準備嘗試這一新鮮事物。競爭格局正在快速演變。」

　　亞馬遜是行業的先行者，圖書價格低廉，郵寄迅捷，知名度高，公司圍繞圖書品類做了一系列的收購，使得其圖書業務爆發式增長。1996年年末，亞馬遜網站上有超過 250 萬種不同書籍。而到了在 1998 年，亞馬遜已經擁有 1,310 萬顧客，遍布 100 多個國家，數據庫含有 300 萬種圖書，超過世界任何一家書店，擁有百萬書籍庫存，自稱「地球上最大的書店」。亞馬遜透過網路書店一戰成名，打敗有 100 多年歷史的行業巨頭，徹底顛覆了圖書零售行業。巴諾書店從此走上下坡路，2002 年其股價還有 30 美元，但到了 2012 年，其股價只有不到 15 美元，市場地位被亞馬遜成功顛覆（巴諾書店股價走勢見圖 8-7）。

圖 8-7　巴諾書店股價走勢（2002 ～ 2011 年）

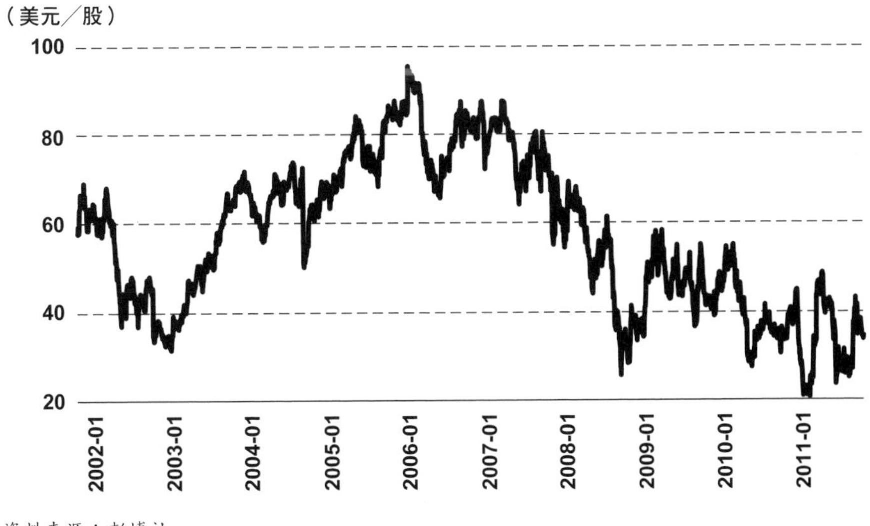

（美元／股）

資料來源：彭博社。

山洪形成，亞馬遜成為最大的綜合網路零售商

1998 年起，亞馬遜逐步將業務拓展至音樂、影視、母嬰、美妝、家居產品等，2000 年 11 月，亞馬遜推出了 Marketplace 服務，將自己從一個網路書店變成了一個全平臺電商，經過十餘年的發展成為全球最大的綜合網路零售商平臺。2020 年，美國零售總額中線上銷售占比為 14.5%，亞馬遜占據了最大份額，接近 40%；剩下的 85.5% 的零售業務主要集中於商業街或大型購物中心，亞馬遜的增長空間還相當廣闊。

對比亞馬遜跟沃爾瑪的股價就可以看到，從 2010 年開始，亞馬遜跟沃爾瑪的股價都走上了完全不同的方向，沃爾瑪不斷將零售行業的「王者」地位不斷讓位給亞馬遜，類似巴諾書店一樣，面對亞馬遜這個強勁的對手，沃爾瑪股價一直在低位徘徊，而亞馬遜則高歌猛進，整個零售行業的價值向亞馬遜轉移，其股價連創新高（見圖 8-8）。

客戶即價值，「飛輪」理論構建核心優勢

2001 年，亞馬遜提出以客戶為中心提供更好體驗。2002 ～ 2009 年，亞馬遜大量資本性支出投入倉儲物流基礎設施，包括送貨車輛、飛機和集裝箱船。這一階段，它經營著 175 個以上的業務履行中心和超過 1.5 億平方英尺*的倉庫空間。這是一個非常龐大的集團，以物流體驗作為其核心競爭力。在此階段，公司資本性支出占收入比重 2% 左右，巨額的投入就是為了使客戶的體驗達到公司預期的水準。

2005 年 2 月，亞馬遜推出了 Prime 會員服務。當時的 Prime 會員能享受的僅僅是 2 日達的免費快遞，但是隨著之後亞馬遜的版圖不斷擴大，

---

* 1 平方英尺＝ 0.093 平方公尺。

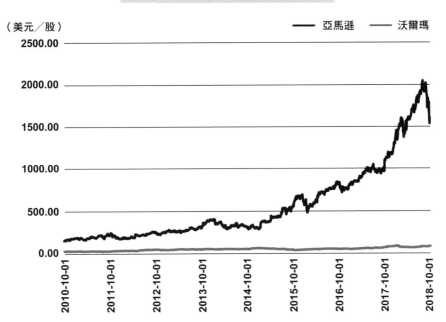

圖 8-8　亞馬遜與沃爾瑪股價的對比

現在 Prime 會員還能提前參加閃購，免費觀看大量電影、免費下載電子書等大量會員增值服務。到 2017 年年底，Prime 會員數已突破 1 億人。

　　Marketplace、自建物流體系（FBA，Fulfillment by Amazon）以及 Prime 會員這些服務都需要投入重金，而且初期沒有效果，只有成本。因此形成了獨特的「亞馬遜現象」，即公司收入規模增長很快，客戶滿意度很高，但公司盈利能力很差，甚至多年不盈利，更別提分紅了。收入以及公司融資持續不斷地投入到跟客戶體驗相關的基礎設施中，核心就是為了提升客戶的體驗。

　　跟公司收入和股價持續增長不同的是，亞馬遜在 2017 年以前的 20 年內，就沒有什麼真正的盈利，個別的季度還是虧損的，2014 年第三季度虧損的額度還不小，這就是獨特的「亞馬遜現象」（見圖 8-9）。

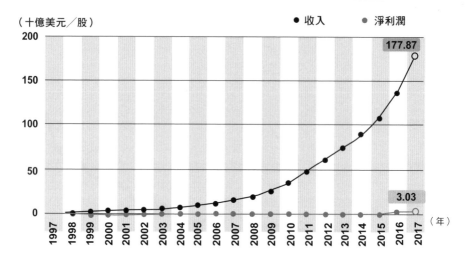

圖 8-9　亞馬遜的收入和利潤增長（1997～2017 年）

資料來源：亞馬遜。

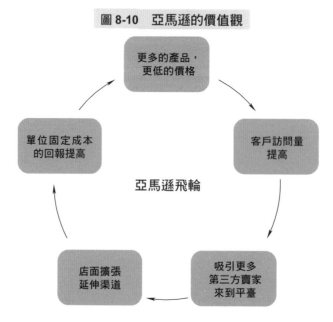

圖 8-10　亞馬遜的價值觀

資料來源：吉姆·柯林斯的個人網站。

但公司股價並沒有受到虧損的拖累，資本市場高度認可貝佐斯的判斷，即客戶就是價值，客戶能夠創造現金流，而現金流可以創造價值。客戶體驗或者說客戶滿意度就是亞馬遜的競爭優勢，該優勢基於行動網路技術和新的商業模式，可以成為公司跨界增長的原力，也是公司價值最重要的來源。

貝佐斯在股東信中說：「我們為什麼不像大多數人那樣，首先關注每股盈利的增長？答案很簡單，盈利並不能直接轉化為現金流，股票價值是未來現金流的價值，而不僅僅是未來盈利的現值。」亞馬遜的價值觀如圖 8-10 所示。

布萊德・史東（Brad Stone）在《貝佐斯傳》（*The Everything Store*）一書中對此進行了總結，貝佐斯和高管們畫出了亞馬遜的正向循環，即低價帶來更多消費者，更多消費者則提升了銷售額並吸引了更多第三方賣家來到平臺。這一切讓亞馬遜從自己的固定成本中（包括履約中心、服務器等）獲得更多回報。更高的效率又進一步降低了價格，然後這個「飛輪」就轉了起來。

「泥石流」形成，亞馬遜雲端服務崛起

亞馬遜於 2006 年正式推出 AWS，是最早提供雲端運算服務的企業之一。最初 AWS 只是用於亞馬遜自身的網上購物平臺的存儲、計算資源，把系統的閒置資源打包出售給企業。隨著亞馬遜對 AWS 不斷投入，資本支出占比大幅提升，截至 2021 年，AWS 在雲端服務領域市場份額已經成為第一，占據了 31% 的市場份額，並且拉開了跟競爭對手之間的差距。AWS 業務已經成為公司的一大核心業務，創造了約 12% 的集團總收入，約占營業利潤的 63%。

雖然從邏輯上看，AWS跟提升客戶體驗的努力是一致的，是「飛輪」理論的一環，但我們認為，貝佐斯把該項業務作為公司重要的收入，持續不斷地增加在該項目的投資來爭取在該業務上的競爭地位，不惜與微軟、谷歌等傳統的軟硬體巨頭正面競爭（亞馬遜雖然在技術、人才方面存在劣勢，但是，其龐大的客戶和海量的應用場景，可以成為該服務第一客戶，從而極大地降低其成本，利用客戶資源的優勢進入其他IT巨頭重兵把守的陣地並攻城略地），已經不再是提升客戶服務體驗這一層面的考慮，更多的是透過客戶需求或者客戶帶來的相關優勢「入侵」其他領域的市場，像泥石流一樣，覆蓋原有的競爭對手，實現對新的領域價值的實現。

圖8-11展示了華爾街的分析師對亞馬遜未來20年公司主要業務及其收入增長預期和毛利率預測，從圖中可以看出，經過了26年的發展，

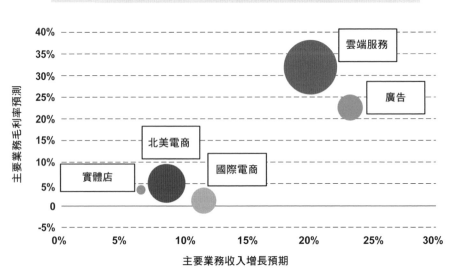

圖 8-11　亞馬遜未來 20 年主要業務收入增長預期和毛利率預測

資料來源：Rock and Turner。

亞馬遜的業務已經從一家網上書店的單一業務公司，發展成為包含網上零售、實體店、AWS 和廣告等複雜的綜合性公司，正如從一場暴雨到傾瀉而下的泥石流，亞馬遜的未來還有更多精彩的故事。

1997 年貝佐斯致股東的一封信中提到了「一切都是關於長期」（It's all about the long term）和「醉心於消費者」（obsess over customers），同時還提到了一個詞，「基礎設施」（infrastructure），原文如下，可以有助於深刻理解亞馬遜和貝佐斯的初心。

致全體股東：

今年（1997 年）對亞馬遜而言，是具有里程碑意義的一年：我們為超過 150 萬消費者提供服務；收入達 1.49 億美元，同比增長 838%；抵禦了外部競爭，進一步穩固了市場領導者的地位。

然而，這只是一個開端。今天，電子商務為顧客省下了寶貴的時間和金錢；明天，透過個性化的服務，電子商務會加速探索的過程。亞馬遜透過網際網路為顧客創造真正的價值，並且希望在已經建立的完善的市場中創造出一個經久不衰的品牌。

我們站在風口，大規模的商家整理資源以待線上售賣的機會，同時從未線上上購物的顧客們正準備嘗試這一新鮮事物。競爭格局正在快速演變。我們的目標是在現有領域快速鞏固擴張，同時在新的領域開始探求電子商務的機會。在目標市場我們看到了大量的機會，但風險也擺在我們面前：我們將斥鉅資來挑戰現有的龍頭企業。

放眼未來

長遠來看我們為股東創造的價值就是衡量我們成功與否的標誌。

我們能否鞏固和拓展現在我們作為市場領導者的地位直接影響我們的價值。市場領導者就意味著更高的收入、更強的盈利能力、更快的資本週轉和相對優異的資本報酬率。

我們的決策也基於這一衡量標準。我們專注於提升能夠體現市場領導者地位的各項指標：客戶和收入的增長、客戶持續定期購買的程度和品牌的知名度。

我們想將我們最根本的決策和管理依據分享給你們，所有股東可以確認它們是否與你們的投資觀一致。

- 不懈地專注於客戶。
- 專注於成為長期市場領導者，而非短期盈利能力或者市場反應。
- 不斷衡量投資的專案，淘汰回報低的專案，只留下表現最好的。
- 大膽投資於能夠讓我們獲取市場領導者優勢的項目，有些項目能成功，有些則未必，這對我們來說都是寶貴的一課。
- 如果面臨在優化報表和最大化未來現金流之間選擇，我們選擇後者。
- 當我們做出大膽選擇時，會和你們分享我們的戰略思考步驟以便你們來評估這是不是理性的長期投資。
- 努力維持精益文化，我們理解節省成本的重要性，尤其在極易淨虧損的這一行。
- 持續招募通才和天才們，並且用股權而非現金來衡量他們的競爭力，我們明白人才的重要性，必須要讓他們有主人翁的意識。

我們不敢說以上這些都是正確的投資觀，但這就是我們。

在這一基礎上，我們來回顧下我們的商業焦點、今年的項目和我們

對未來的展望。

留住顧客

從一開始，我們就為顧客提供價值。我們為顧客提供一些他們在別處得不到的東西，比如書籍。我們帶來的多樣化的選擇是顧客在實體店裡購物時無法比擬的（我們的店鋪足有 6 個足球場那麼大）。並且我們用實用、易於搜索、方便瀏覽的形式，24 小時 365 天不間斷地將商品展示給顧客。我們將持續改進顧客體驗。現在我們有了禮品券、一鍵購物、海量評論、瀏覽選項和推薦等功能。我們透過降低價格來提升客戶價值。口碑行銷是我們最有力的武器，我們由衷感謝顧客對我們的信任。重複購買和口碑行銷使亞馬遜成為線上售書的領導者。

1997 年，亞馬遜走過了漫長的道路：

- 銷售額從 1996 年的 1,570 萬美元增長到 1.49 億美元，增長了 838%。
- 顧客帳戶從 18 萬到 151 萬，增長了 738%。
- 回頭客的訂單占比從 1996 年第四季度的 46% 到 1997 年第四季度的 58%。
- 根據使用者使用率，我們網站從前 90 名進入前 20 名。
- 我們和許多重要的戰略合作夥伴建立了長期的關係。

基礎設施

1997 年，我們努力擴展商業基礎設施來支撐快速發展的交通、銷售和服務等級：

- 亞馬遜的員工從 158 名增長到 614 名，尤其加強了管理團隊。
- 配銷中心從 5 萬平方英尺增長到 28.5 萬平方英尺，其中包括西雅圖的

設施擴建了 70%，和 11 月在德拉瓦建立的第二個配銷中心。

· 年底存貨升至 20 萬種，拓寬客戶選擇面。

· 現金和投資餘額在年底達到 1.25 億美元，由於今年的 IPO 和 7,500 萬美元的貸款，使我們的戰略極具靈活性。

員工團隊

過去一年的成功離不開我們聰明、勤奮、有才幹的團隊。我為有這樣一支團隊而感到自豪。在招聘時設置高門檻一直是亞馬遜成功的關鍵因素。

在這裡工作不容易（面試時我一直告訴應聘者，「工作時間長、勤奮、聰穎，在亞馬遜缺一不可」），但我們的工作是有意義的、對顧客重要的、可以青史留名的。這樣的工作肯定不會容易做。我們很幸運能夠找到這樣一群有獻身精神的團隊。

明年的目標

我們還在進行關於如何透過電子商務為顧客帶來新價值的早期探索。我們的目標是持續穩固擴大我們的品牌和用戶基數。這要求對系統和基礎設施持續投資來提升用戶體驗。我們計畫將音樂添加到我們的產品線，其他專案也可以謹慎投資。針對海外使用者，我們有許多機會可以提高服務，比如削減運輸時間以及提供個性化的體驗。可以確定的是，我們面臨的挑戰不是尋找新的機會擴大業務，而是優化投資順序。

比起亞馬遜創立時，現在我們對電子商務的瞭解更多，但我們尚在摸索階段。儘管我們對未來的發展抱有樂觀的態度，我們仍需警惕和緊迫感。未來亞馬遜將面臨的挑戰和障礙有以下幾點：進取有野心有資金的競爭者、增長障礙和執行風險、產品和地域擴張的風險、為了擴大市場份額的長期

資金需求等。然而，像我們已經說的，線上售書，或者說是電子商務這個大概念，將會是個巨大的市場，大量公司都會看到這個巨額的利潤。我們滿意自己過去的發展，更加興奮於未來的發展。

1997 年對我們來說是不可思議的一年。亞馬遜感謝客戶的信任與支援，感謝同事們的辛勤工作，感謝股東們的鼓勵。

傑夫・貝佐斯

台積電：技術創新固然重要，但商業模式創新往往是最值錢的 *

台積電是全球最大的晶片代工企業。台積電成立於 1987 年，總部位於臺灣新竹，是全球第一家專注於代工的積體電路製造企業。公司經過 30 餘年的發展，目前也已經發展為全球最大的晶圓代工企業，市場份額超過 50%。目前公司最先進的製程技術已達 7nm，公司也是全球首家提供 7nm 代工服務的專業代工廠。

代工：顛覆的創新商業模式的成功改變半導體格局

台積電從 2001 年 1 月 2 日的 84 元新臺幣，漲到 2021 年 1 月 22 日 1,576 元新臺幣，整整 20 年時間股價上漲近 19 倍（後復權，見圖 8-12），在世界半導體領域占據重要的競爭地位。30 年前，臺灣股市金融股占比為 36.4%，電子股僅占總市值 2.3%，如今的三大權重股台積電、鴻海、聯發科當時都還沒掛牌，而 2021 年的今天，臺灣股市電子股比重超過 70%，

---

* 副標題源自台積電董事長張忠謀原話。

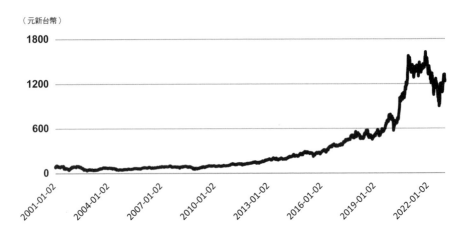

圖 8-12　台積電 20 年間的股價走勢圖（後復權）

（元新台幣）

金融股下降至 15% 以內。

　　從 2020 年到 2021 年，電子股受到追捧，台積電一路從 571 元新臺幣到突破 1,000 元新臺幣大關，目前台積電一家公司的市值，占臺股加權指數比重高達 32.5%，可以說是牽一髮而動全身。

　　在全球半導體行業中，張忠謀首創半導體晶片代工服務，讓半導體公司可以專注於設計，把製造交給台積電。張忠謀憑藉這個商業模式的創新想法，打造出台積電的商業奇蹟。當時，全球的半導體行業採取的是單一的 IDM 模式，即企業內部完成晶片設計、晶片生產和測試封裝 3 個流程，在當時英特爾、三星等巨頭都採取這種模式。這些公司大多把面向外部的晶圓代工作為副業，主業是設計和銷售自己的產品，因此市場上沒有專業的代工服務。張忠謀正是看到了這樣的機會，才決心要成立一家純粹的晶片代工公司。

　　據集邦諮詢旗下拓墣產業研究院最新調查顯示（見表 8-1），2020 年第二季度台積電營收高達 101 億美元，較 2019 年同期大漲 30.4%，排

表 8-1　2020 年第二季度全球 10 大晶圓代工廠營收排名

排名	公司	2020 年第二季度（百萬美元）	2019 年第二季度（百萬美元）	年增長率	市場占有率
1	台積電（TSMC）	10,105	7,750	30.40%	51.50%
2	三星（Samsung）	3,678	3,180	15.70%	18.80%
3	格羅方德（GlobalFoundries）	1,452	1,358	6.90%	7.40%
4	聯電（UMC）	1,440	1,162	23.90%	7.30%
5	中芯國際（SMIC）	941	791	19%	4.80%
6	高塔半導體（TowerJazz）	310	306	1.30%	1.60%
7	力積電（PSMC）	298	174	71%	1.50%
8	世界先進（VIS）	265	223	18.90%	1.40%
9	華虹半導體（Hua Hong）	220	230	-4.40%	1.10%
10	東部高科（DB HiTek）	193	185	4.60%	1.00%
	前十大合計	18,903	15,359	23.10%	96.40%

注：
1. 三星計入系統 LSI 及晶圓代工事業部之營收。
2. 格羅方德計入 IBM 業務收入。
3. 力積電僅計入晶圓代工營收。
4. 華虹半導體僅計算財報公開數字。

資料來源：各廠商，拓墣產業研究院整理，2020 年 6 月。

名第一。三星排名第二，營收 36.78 億美元，同比增長 15.7%；格羅方德（GlobalFoundries）位列第三，營收 14.52 美元，同比增長 6.9%，聯電、中芯國際、高塔半導體、力積電、世界先進、華虹半導體、東部高科躋身前十。第一名台積電營收超過第二名三星近 2 倍，在全球晶片代工領域遙遙領先。

在半導體行業的早期，如果一個公司想要設計和銷售晶片，那麼它也必須製造這些晶片，但隨著晶片製造的複雜性和成本的增長，晶片設計者（特別是微型晶片設計者）越來越難以擁有和經營自己的晶圓廠。而台積電認識到了這一點，雖然許多晶片製造商並沒有開發晶片製造技術的能力和資金，但許多小型晶片製造商可以支撐起規模化的晶片製造，這使得僅從事晶片設計、研發、應用和銷售的積體電路設計商成為可能，這種公司也被稱為「無廠半導體」（Fabless）。可以說正是台積電創造了這一行業價值，使得在美國更多無廠半導體的湧現成為可能，台積電的成功，源於張忠謀看到了新的商業模式創新的機會，他說，「當初的這個野心並不大，結果卻顛覆了整個世界半導體業」。台積電崛起源於商業模式設計的遠見，在 20 世紀 80 年代的晶片市場上，大公司確實沒有這個市場需求，全球僅有的二十幾家小的獨立設計公司都是搖搖欲墜，但張忠謀看到很多在大的半導體公司工作的工程師想出來創業，卻苦於要投建晶圓廠門檻太高。

台積電首創的設計與製造分離的代工模式，趕上 20 世紀 90 年代半導體設計公司的風潮，過去 30 年，半導體產業的多數創新也都來自這些專注於設計的公司。台積電首創的這一模式創新帶動了高通等積體電路設計業者的興起，專業化分工提高了整體行業效率，深刻改變了個人電腦、手機和人工智慧等產業的發展。

此外張忠謀還提出了台積電的一個主要業務來源：不僅無廠半導體公司依賴於台積電的晶片製造服務，美國有晶圓廠的晶片製造商同樣也在接受台積電的晶片製造服務。

英特爾的年收入是台積電的兩倍，是一家擁有自己的製造工廠，而且大部分工廠都位於美國的晶片製造商，但仍然需要依靠台積電來生產它的一些產品，例如無線晶片。台積電給了許多晶片製造商運營和發展的機會，而不需要擁有和經營自己的晶圓廠，半導體行業也可以支持更廣泛、更多樣化的公司，而這些公司往往需要很多人才，包括晶片設計工程師、產品行銷人員，以及與台積電合作生產其產品的工程師等。

目前與台積電達成長期合作協議的大型美國公司包括全球領先的行動晶片製造商高通，以及智慧手機巨頭蘋果，儘管其在加利福尼亞州和德克薩斯州都有大型晶圓廠。

商業模式決定公司價值

台積電選擇代工領域在當時看存在著諸多挑戰：重資產，前期投資高；獨立設計公司需求小，風險大；製造環節毛利率低，利潤率明顯要低於設計環節。

大部分公司在選擇產業鏈上的戰略定位以及商業模式時，總是傾向定位於最賺錢的業務，台積電立足於晶片代工的戰略定位以及由此建立的商業模式，往往並不被看好。

但是從長期來看，短期的利潤率高不等於長期的資本報酬率高，決定公司價值的核心在於邊際的和持續的資本報酬率高，體現公司具有長期動態的足夠強的競爭力。

好的商業模式至少包含以下元素：①聚焦成本、差異化和客戶體驗

等核心目標，形成公司能力（原力）目標；②根據商業模式的原理，力求定位於在產業各利益相關方的核心平臺位置，能夠使公司在產業動態發展過程中始終處於合約關係中最強聯繫需求的一方；③公司戰略資源配置類似亞馬遜的閉環的「飛輪」，能夠使前兩個過程在動態演進中得以增強。

從台積電這個案例可以看出，雖然在台積電建立的時候產業裡大都是垂直一體化的企業，晶片設計、製造、封裝測試都是一體化的公司為主導，但台積電發現，這個產業可以在商業模式上把設計跟製造分開，並且產業已經有了 20 多家獨立設計公司的萌芽，只是這種新商業模式的生態在傳統的垂直一體化比較缺乏製造環節，並且製造環節本身可以跟不同的設計公司鏈接，具備平臺型公司的特點，在這個產業鏈中處在平臺和中心的位置，這種靈活設計加重資本製造的新模式在初期就具備靈活、多樣化特點，可以有效跟垂直規模化的傳統業態競爭，台積電的商業模式定位可以保證其在產業鏈中的價值分享。

隨著「設計＋製造平臺」的商業模式新生態發展，持續重資本投入的晶片製造業平臺公司具備了規模效應，可以產生「護城河」效應，從而使其在長期持續競爭中始終保持競爭優勢。

台積電在取得領先後，跟亞馬遜一樣，並沒有急於分紅，而是持續了高額資本開支，資本開支與經營現金流形成了正向循環，不斷強化領先優勢。對比另外 2 家純晶片代工企業聯電和中芯國際，台積電的資本開支規模上遙遙領先，2017 年資本開支分別是聯電和中芯國際的 7.6 倍和 4.7 倍，不斷擴大產能上的差距。資本開支大多形成物業、廠房和設備，而晶片代工行業一大特點是設備折舊年限通常是 5 ～ 7 年，台積電的設備折舊政策尤為激進，為 5 年。因此，台積電每年有大量的折舊，

經營性現金流遠超淨利潤。經營性現金流又可以支撐台積電在未來投入更多的資本開支，不斷擴大這種規模優勢。

　　台積電憑藉高額資本投入以及形成的領跑優勢，可以透過價格戰來阻擊對手。台積電的製程技術是領跑的，即意味著設備折舊率先提完，而競爭對手還在計提設備折舊。台積電可以利用成本上的優勢來打價格戰，讓後進者苦不堪言。以28nm晶片為例，台積電2011年新入的產能在2016年年底即可計提完折舊，2017年開始降價，讓其競爭對手中芯國際和聯電的28nm產品盈利能力大幅下滑（見圖8-13）。

圖8-13　台積電季度收入按製程分類占比變化

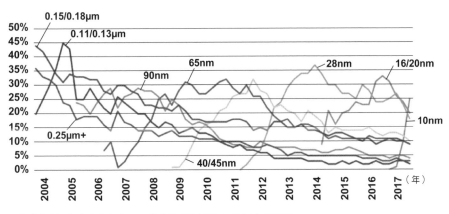

資料來源：台積電季度報告，興業證券經濟與金融研究院整理。

　　台積電的「飛輪」理論使其在競爭中一直保持優勢地位。行業內的獨立設計公司越多，產品終端需求越複雜，以及對於晶片製造的資本更新改造需求越高，就越能夠動態強化台積電的「護城河」，亞馬遜「飛輪」理論的正反饋使台積電在長期競爭中，相對於英特爾這類垂直公司保持商業模式和生態優勢持續保持較高的報酬率。

MIND MAP

第八章
泥石流：新商業
模式公司

客戶即價值：跨界新物種的八爪魚增長模式

以客戶流量運營為核心
- 1. 獲客效率高
- 2. 獲客成本低
- 3. 創造價值的能力大幅提高
- 4. 運營效率高
  - 「入侵」其他行業，成為「八爪魚」
    - 但不會無限擴張
- 5. 正向循環後公司競爭力將非常強大

產業發展出現 3 個新現象
- 1. 從產品問世到使用者超 10 億的速度比以往都要快
- 2. 價值創造的速度更快
- 3. 產業更替速度更快

新商業模式不是雪球，是泥石流

1. 新商業模式
- 洞見技術創新帶來的新機會應用層面
- 效率、利益更高且關係更緊密的合約安排

2. 新商業模式是泥石流
- 暴雨
  - 入口網站、郵件、電子支付
- 泥水
  - 電商平臺、社群平臺
- 泥石流
  - 原有商業生態被顛覆

3. 消費、社交方式由線下轉移到線上
- 自我加強，形成新的商業生態
- 平臺為王，強者愈強
- 可顛覆、重構行業傳統邊界

亞馬遜：2367 倍漲幅的商業模式制勝

　　客戶即價值

　　　　└ 飛輪理論構建核心優勢
　　　　　└ 五步循環

台積電：技術創新固然重要，但商業模式創新往往是最值錢的

　　1. 商業模式創新

　　　　├ 1. 首創設計與製造分離的代工模式
　　　　│　└ 改變原有晶片行業重資產高技術壁壘模式
　　　　└ 2. 創造晶片行業託管模式
　　　　　　└ 進一步強化輕資產運營模式

　　2. 創造的公司價值高

　　　　├ 邊際和持續的資本回報率高
　　　　└ 很強的長期、動態競爭力

　　3. 好商業模式的特點

　　　　├ 公司能力（原力）
　　　　│　└ 聚焦成本、差異化和客戶體驗
　　　　├ 定位於產業個利益相關體的核心位置
　　　　└ 高效的戰略資源配置和循環
　　　　　　└ 使前兩個過程自增強

週期股：
永遠的週期

週期類公司，強者恆強

　　大宗商品，是指包括非鐵金屬、海運、石油石化等行業週期性非常明顯的公司。這些高週期的企業可能經歷了在週期低谷時巨額虧損多年，但也會在順週期時期有巨額盈利。

　　從全球過去 20 年來看，基於強者恆強之週期性行業的特徵，深刻理解和把握宏觀週期的投資人，能夠在週期性行業內取得 10 倍以上的投資回報。

　　在技術發展緩慢的傳統重資產行業，學習曲線效應使大規模的投資帶來成本大幅度下降，從而獲得低成本的競爭優勢。1925 年，在美國萊特－派特森空軍基地在實踐中發現，在飛機製造業裝配操作過程

中，產量增加一倍，勞動時間需求大約只相當原來的 80%；1936 年，美國學者萊特（T. P. Wright）首次在《航空工程科學期刊》（*Journal of the Aeronautical Science*）發表文章指出學習曲線的實際效果，把這種隨著產量增加，單位產品用時有規律的逐步降低的現象稱為「學習效應」。

由於「學習效應」的存在，重資產行業進行巨額投資的軍備競賽，一方面相對弱小的競爭者淘汰出局，另一方面最終剩下的都是「大塊頭」，這些大玩家的競爭均勢往往是寡頭間強強對決，行業呈現出明顯的週期性特點，行業集中度在波動中逐漸提升。

由此可看出，在週期性行業內，只有頭部企業才能長期生存，才有長期價值。在石油、石化、煤炭、鋼鐵、非鐵金屬、水泥、航運、造船、糧食等這些高週期性行業裡，短期內，任何公司都沒有能力透過規模擴張讓競爭對手破產，把握週期性波動的公司才能創造更高的價值，在長週期競爭中勝出；甚至全球只剩下幾個跨國企業在競爭，行業的價值被高度壟斷。

週期性行業的波動特徵使得每個公司經營都處於週期性的波動之中，即使規模巨大，已經是行業領先的巨頭，也不能抗衡行業的波動。但頭部公司由於其規模優勢，風險相對比較小，能夠長期生存並且逐漸擴大在行業內的領先優勢，為投資人創造長期價值。

對宏觀週期的研判對於週期性行業經營者和投資人都非常重要，公司在規模擴張和週期波動權衡決策，週期性行業公司類似參加七項全能賽事，每一個項目都很重要，但只要一個項目不及格，基本就可能被淘汰出局。對長週期的行業來說，對總體經濟的深刻理解更顯得尤為重要。

馬士基：航運霸主在波動中發展

以航運公司為例，自 1980 年以來的 40 多年裡，全球前 20 家航運公司中只有 5 個品牌仍保持在前 20 名的位置：赫伯羅德、馬士基*航運、長榮海運、以星航運和陽明海運。40 年前，前 20 家航運公司控制了全球運力的 40%，如今最大的 20 家航運公司控制著 93% 的市場份額，行業集中度大幅度提升，大量的小規模企業被收購或者破產退出市場，強者恆強的規律在航運業非常明顯。

截至 2019 年 4 月，全球班輪公司運力 100 強中，馬士基排第一（市場份額 18.0%），地中海航運（市場份額 14.8%）排第二，中遠海運集運＋東方海外貨櫃（市場份額 12.3%）排第三，達飛輪船（11.6%）排第四，赫伯羅德（7.4%）排第五，日本海洋網聯船務（ONE）（6.8%）排第六，長榮海運（5.4%）、陽明海運（2.9%）、現代商船（1.9%）、太平船務（1.8%）分列第七名到第十名。

1904 年，28 歲的阿諾德・彼得・穆勒同父親共同創建了斯文堡船運公司，購買了一條載重 2,200 噸的二手蒸汽輪船。8 年後，穆勒又創建了 1912 輪船公司，2003 年，兩家公司合併為 A.P. 穆勒－馬士基集團，總部位於丹麥哥本哈根，在全世界 125 個國家設有辦事處，全球市場份額多年保持第一，在全世界「富比士全球企業排行榜 Top 500」排名 320 名，是航運行業「巨無霸」。

經歷了 2008 年的全球經濟危機以及美國量化寬鬆政策、中美貿易摩擦後，全球經濟的艱難復甦及全球貿易格局的變動使得馬士基的收入、

---

* Maersk，或譯「快桅」。

利潤也處於劇烈的變動之中，在過去的 13 年中，2009 年、2016 年、2017 年這 3 年公司的淨利潤都是負值（見圖 9-1），然而這個成績在該行業中已經十分優秀了，其他的航運公司在這幾個年份的盈利情況更為糟糕。

圖 9-1　馬士基營收與利潤情況（2008 ～ 2019 年）

馬士基的股價呈現非常明顯的週期性波動的特點，進入 2020 年，由於運價的大幅度上漲，馬士基的股價也直沖雲霄，從最低的接近 4,000 丹麥克朗大幅上漲到 13,530 丹麥克朗（見圖 9-2），漲幅達到 238%。

從更長的時間來看，1986 ～ 2000 年的 14 年間，馬士基股價翻了 10 倍左右，接下來的 3 年從最高點下跌了 60 ～ 70%；2003 ～ 2008 年的漲幅高達 4 倍，又用了 2 年，股價跌去了 2/3，2015 年和 2021 年最近又連創新高，目前的股價相對於 2009 年的低點，股價又漲了 250%。作為行

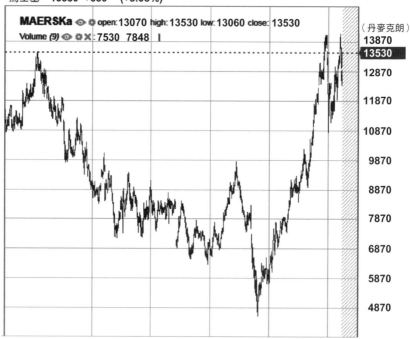

圖 9-2　馬士基股價峰值達到了 13,530 丹麥克朗

圖 9-3　馬士基股價走勢（1989～2020 年）

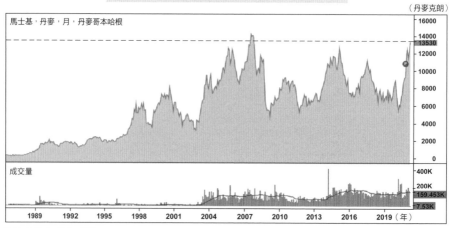

資料來源：英為財情。

業內最大的航運公司，其股價的跌宕起伏體現了行業高週期的特徵（見圖 9-3）。

從馬士基的發展歷程來看，1986 年，即最早能找到其股價的那一年，馬士基的股價還不到 1,000 丹麥克朗，如果投資人從 1986 年持有馬士基的股票一直到 2021 年 3 月（股價是 13,530 丹麥克朗），股價在 35 年內翻了 13.5 倍，漲幅並不高。但是其股價每隔幾年就進入一個超級週期，漲幅從 2.5 倍到 10 倍不等，因此，如果能把握行業脈動，高週期的行業則是可以創造 10 年 10 倍機會的一類公司。

殼牌：把握石油週期的逆襲者

荷蘭皇家殼牌集團（Royal Dutch/Shell Group of Companies）是世界第二大石油公司，總部位於荷蘭海牙。荷蘭皇家殼牌集團由荷蘭皇家石油與英國殼牌兩家公司合併組成。荷蘭皇家石油於 1890 年創立，並獲得荷蘭女王特別授權，因此被命名為荷蘭皇家石油公司。為了與當時最大的石油公司美國的標準石油公司競爭，1907 年荷蘭皇家石油與英國的殼牌運輸貿易有限公司合併。

殼牌是所謂的「石油七姐妹」（Seven Sisters）*之一，至今依然是石油、能源、化工和太陽能領域的重要競爭者。殼牌擁有 5 大核心業務，包括勘探和生產、天然氣及電力、煤氣化、化工和可再生能源。殼牌在全球 140 多個國家和地區擁有分公司或業務。作為荷蘭最大工業公司，其在 2012 年《財星》雜誌世界 500 強中名列第一位。

---

* 指當初洛克斐勒的標準石油公司被分割成的 7 家較大的石油公司。

半個世紀以來，國際石油價格的演變大體分為 5 個階段（見圖 9-4）。

圖 9-4　石油價格的階段性變化

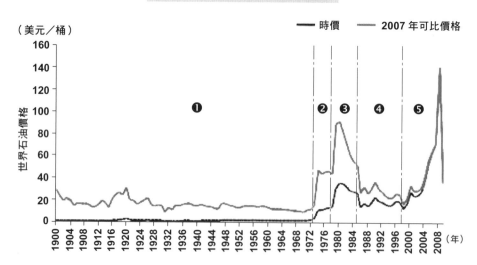

❶1973 年以前的低油價階段。

1960 年石油輸出國組織（OPEC）成立以前，石油的生產和需求受西方國家控制，油價處於 1.5 ～ 1.8 美元／桶的壟斷低水準。1960 年 9 月，OPEC 在伊拉克首都巴格達成立，成立後圍繞著石油的生產權和定價權不斷與西方跨國公司進行鬥爭。

從 OPEC 成立到 1970 年，油價一直保持在 1.8 ～ 2 美元／桶的水準上，可見整個 20 世紀 60 年代 OPEC 在國際石油市場上控制油價的能力微不足道。1970 ～ 1973 年，隨著 OPEC 在一系列談判中的勝利，油價的決定權主體開始發生變化，油價出現上升跡象，到 1973 年 10 月油價接近 3 美元／桶。

❷1973 年 10 月～ 1978 年，**油價上升與第一次石油危機期。**

這一時期，OPEC 國家在實現石油資源國有化的基礎上，進而聯合起來，奪取了國際石油定價權，並以石油為武器打擊歐美發達國家，維護民族利益。

1973 年 10 月爆發了第四次中東戰爭，油價急劇上漲，從 10 月的接近 3 美元／桶漲到 1974 年 1 月的 11.65 美元／桶，造成了西方國家第一次能源危機。

1974 年 2 月在尼克森的建議下，召開了第一次石油消費國會議，成立了國際能源機構（IEA），能源問題成為國際政治外交中的重要議題，OPEC 的國際地位迅速上升。1974 ～ 1978 年油價穩定維持在 10 ～ 12 美元／桶的水準。

❸ 1979 ～ 1986 年，**第二次石油危機及其消化階段。**

1979 ～ 1981 年第二次能源危機時，布倫特油價狂漲到了 36.83 美元／桶。借助兩次石油危機，OPEC 從國際石油壟斷資本手中完全奪回了石油定價權。

1981 ～ 1986 年為 OPEC 實行原油產量配額制的較高油價時期，布倫特油價從 36.83 美元／桶緩慢降到 27.51 美元／桶。

隨著非 OPEC 產油國原油產量的增長以及節能和替代能源的發展，OPEC 對油價的控制能力不斷下降，油價也開始不斷回落。1986 年，油價急劇下跌到 13 美元／桶左右。

❹1986 ～ 1997 年，**實現市場定價的較低油價時期。**

此時期，由於石油勘探開發技術的進步，石油成本不斷下降，產量

增加，國際油價的決定主體從 OPEC 單方面決定，轉向由 OPEC、石油需求和國際石油資本共同決定的局面，國際油價基本實現市場定價。布倫特油價在 14.3 ～ 20 美元／桶的水準上徘徊波動（1990 ～ 1991 年波斯灣戰爭時期油價出現短期大的漲落除外）。

❺ 1997 年以來，國際油價短暫下跌後大幅度上升直至跌落的階段。

受亞洲金融危機、需求下降以及 OPEC 不適時宜的增產，布倫特油價從 1997 年 1 月的 24.53 美元／桶下降到 1998 年 12 月 9.25 美元／桶的最低價，然後從 1999 年 3 月開始反彈並一路攀升，2000 年 8 月突破 30 美元／桶，2000 年 9 月 7 日最高時達到 37.81 美元／桶，短短 18 個月裡漲幅達 3 倍之多，創「波斯灣戰爭」以來的油價新高。

2003 年之後，油價更是一路持續上漲，終於在 2008 年 7 月創下接近 150 美元／桶的歷史最高紀錄，並在 5 個月之後的 2008 年底戲劇性地下挫到 40 美元以下。此後一直維持在此 60 美元／桶左右的價格，一直

図 9-5　石油價格變化的歷史解讀

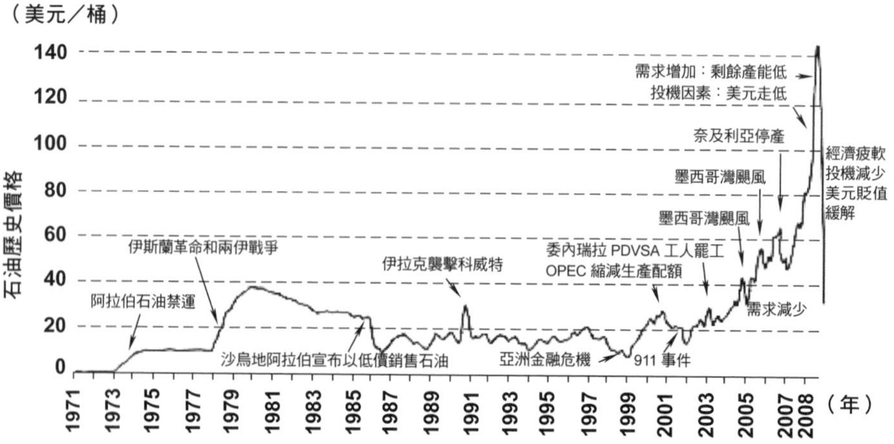

到 2020 年 3 月，油價一度跌為負值，成為歷史奇觀，截止到 2021 年 3 月 26 日，油價為 60 美元／桶左右（見圖 9-5）。

透過油價的起起落落可以看出，石油行業是一個充滿不確定性的行業，行業受到全球總體經濟、地緣政治、勘探開採技術進步、替代能源發展、國際組織定價博弈等諸多重大不可控因素的影響，並且這些因素的綜合結果導致油價如坐過山車一樣發生週期性劇烈變動，公司的經營也處於高度不確定的環境。

從行業內公司的股價來看，大型石油公司的股價也隨著油價呈現週期性波動的特點，高峰和低谷價格差 10 倍以上。一方面，把握週期因素具有巨大的獲利的空間。另一方面，一旦判斷失誤，投資也將出現巨大損失。

20 世紀 70 年代初的荷蘭皇家殼牌公司還是當時「石油七姐妹」中最小的一個，但是成功的金融戰略運用使這隻「醜小鴨」變成了「白天鵝」，一躍成為世界第二大石油公司。其運用的金融戰略，具體來說，就是逆週期現金併購，也就是把握行業的週期。

所謂逆週期現金併購，是指處於週期性行業中的企業，在行業高峰時並不進行大規模資產購置，反而縮減投資、儲備現金，並適當降低負債以保留債務融資的空間；反之，在行業低谷時期，公司利用資產低估的機會，調動全部儲備資源進行大規模的併購投資，從而降低資產成本，提升資產效率，為下一個高峰時期的豐厚盈利與資本市場回報奠定基礎。

1972 年，荷蘭皇家殼牌公司 CEO 皮埃爾‧瓦克（Pierre Wack）領導的情境規劃小組提出了一種「能源危機」的情境假設，即一旦西方的石油公司失去了對世界石油供給的控制，世界將會怎樣，而石油公司又該如何應對。瓦克認為這一情境並不是天方夜譚，而且很可能在不遠的未

來變為現實。為此，荷蘭皇家殼牌公司在 20 世紀 70 年代初一直在努力進行現金儲備。在 1973 ～ 1974 年冬季，OPEC 宣布石油禁運時，這些儲備幫助殼牌成為唯一一家能夠抵擋這次危機的大石油公司。

1982 年，接任瓦克的彼得·舒瓦茨（Peter Schwartz）繼續奉行逆週期的儲備戰略。在 20 世紀 80 年代早期的繁榮時期，荷蘭皇家殼牌公司並沒有效仿其他各大石油公司進行大規模的油田收購，而是著力儲備現金，並降低負債率。在 1986 年石油價格崩盤後，當其他石油公司紛紛陷入財務危機、資金週轉不靈並急於出售資產時，荷蘭皇家殼牌公司成了最大的買主。

從此後荷蘭皇家殼牌公司的經營戰略可以看到，它一直奉行主動判斷油價及宏觀形勢，捕捉行業的投資機會。殼牌在利潤率降低的 1998 年和 2002 年，分別進行了兩次大規模的投資支出；而在利潤狀況較好的 2000 年和 2004 年，公司主動縮減了投資支出。

荷蘭皇家殼牌公司在 1996 年、2000 年和 2004 年的行業波峰期，現金儲備處於週期性高點，同時，企業透過大量減債（淨債務融資現金流為負）使負債率處於歷史低點；反之，在 1998 年和 2002 年的行業低谷時期，投資支出大幅增加導致期末存量現金處於歷史低點，並大量借入現金（淨融資現金流為正）使負債率處於週期性高點。

以 2002 年為例，此前，公司手持現金接近 70 億美元，有息負債資本比不到 20%，但為了支持 2002 年 200 億美元的投資支出，公司減少了 50 億美元手持現金，並增加了 90 億美元短期負債和 66 億美元長期負債，從而使現金存量降到 15.6 億美元的歷史低點。

1977 ～ 2006 年的近 30 年內，其股票的累積報酬率（復權後）接近 2,500%，而同期標普 500 指數的累積報酬率為 1,000%，能源企業累積報

酬率不到 1,500%，比荷蘭皇家殼牌公司少了 1,000%；如果從 1973 年石油
危機之前計算，則荷蘭皇家殼牌公司的累積報酬率將超過 4,000%（見圖
9-6）。

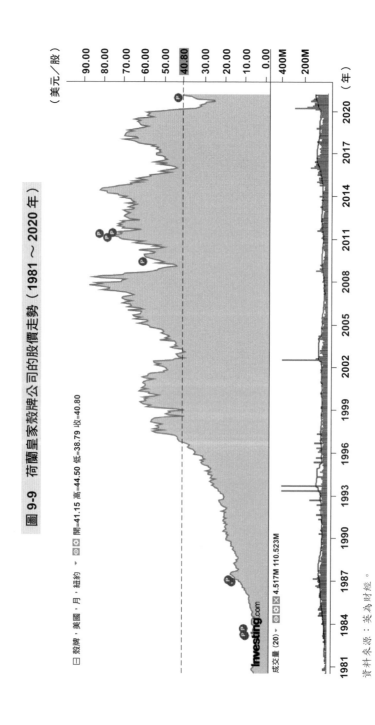

圖 9-9　荷蘭皇家殼牌公司的股價走勢（1981 ～ 2020 年）

資料來源：英為財經。

第九章
週期股：永遠的週期

週期類公司：強者恆強

1. 特點 ── 週期底部虧損，順週期鉅額盈利

2. 需要深刻理解把握宏觀週期

3. 行業巨頭也無法與週期波動抗衡

4. 行業巨頭風險較小 ── 抵禦風險能力強
　　　　　　　　　　　　　 創造長期價值

馬士基：航運霸主在波動中發展

全球航運業第一 ── 航運業巨無霸

已成立 40 餘年

經歷全球多輪週期
- 1986 ～ 2000 年：股價翻 10 倍
- 接下來 3 年：股價跌 60 ～ 70%
- 2003 ～ 2008 年：股價上漲 4 倍
- 2008 ～ 2009 年：股價跌去 2/3
- 2015 年和 2021 年股價連創新高

荷蘭皇家殼牌公司：把握石油週期的逆襲者

1.1890 年成立
- 荷蘭最大的工業公司
- 2012 年世界 500 強第一名
- 經歷半個多世紀以來所有的石油價格歷史性事件
  - └ 1973 年以前的低油價時期
  - └ 1973 ～ 1978 年第一次石油危機
  - └ 1979 ～ 1986 年第二次石油危機
  - └ 1986 ～ 1997 年低油價時期（市場定價）
  - └ 1997 年以來的原油價格大幅波動時期

2. 最成功的戰略：逆週期現金併購
- 行業高峰：縮減投資、儲備現金、降低負債
- 行業低谷：資產價值低估階段，調動全部儲備資源進行併購投資

Part 3

捕捉 10 年 10 倍股的
漁網和魚竿

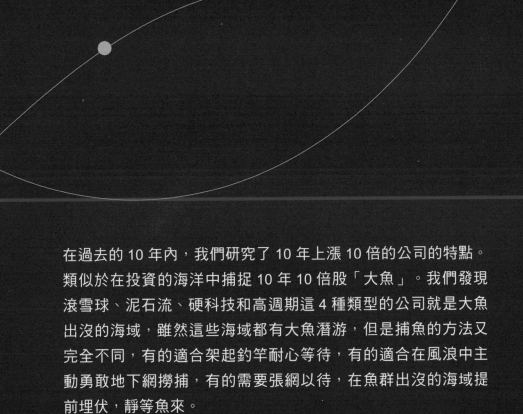

在過去的 10 年內，我們研究了 10 年上漲 10 倍的公司的特點。
類似於在投資的海洋中捕捉 10 年 10 倍股「大魚」。我們發現
滾雪球、泥石流、硬科技和高週期這 4 種類型的公司就是大魚
出沒的海域，雖然這些海域都有大魚潛游，但是捕魚的方法又
完全不同，有的適合架起釣竿耐心等待，有的適合在風浪中主
動勇敢地下網撈捕，有的需要張網以待，在魚群出沒的海域提
前埋伏，靜等魚來。

CHAPTER

10

宏觀情境分析：
抓住「下網」高週期性行業的時機

情境分析法的由來

　　情境分析是一個面對高度不確定性事件的分析工具。透過使用情境分析的方法，殼牌曾抓住兩次石油危機的時機快速崛起，投資人如果有能力預測到兩次石油危機的時間點，一樣會獲得高額回報。可見，在高週期性行業內，無論是公司的經營決策者還是投資人，都一樣面對不確定性，把握週期機會需要對宏觀和產業週期做出準確的判斷，而這是一項非常具有挑戰性的任務。

　　高週期性行業由於其高度依賴宏觀變動，對於總體經濟增長、利率政策環境和產業政策，甚至國際政治環境都高度敏感，因此，高週期性行業隨著這些因素的變動呈現出景氣週期劇烈週期性變動的特點，而以

大宗商品為核心的高週期產業不確定性高，很難準確地預測，這就是為什麼在投資行業即使專業的投資人也往往很難抓住週期性公司的投資機會，持續在週期性行業取得良好的投資業績。

美國在二戰時同樣面對與高週期性行業類似的情況以及棘手的不確定問題，在當時政治不穩定及高度不確定的狀態下，要得出一個準確的國防預算是一個巨大挑戰，也是一個複雜的問題。為了對開支做出合理判斷，各部門需要洞察未來可能使用武器的政治環境。這種不確定性為情境思維的出現提供了平臺。因此，美國國防部聘請蘭德公司（RAND）來幫助國防部決定應該資助哪些項目來發展新的武器系統。

如果說情境規劃有一位元老，那一定是具有偉大形象的赫曼‧康恩（Herman Kahn），在蘭德工作期間，康恩開始為美國防空系統導彈司令部開發各種場景，並因為其不可思議的想法而聞名。他後來回憶說：「我們特意選擇 scenarios 這個詞來淡化這個概念，在為各種情況寫劇本的時候，我們一直在說『記住，這只是一個劇本』，這是好萊塢作家創作的東西。」他的工作突出了核戰爭的極端和可怕後果，而不是說預測未來。康恩的情境是探索性的，旨在讓人們思考未來，幫助克服加強自然傾向而避免思考不愉快事情的社會禁忌。

在 20 世紀 50 ～ 60 年代，康恩為美國軍方開發場景。在 20 世紀 60 年代末，開始探索長遠的未來，受到康恩方法的啟發，石油巨頭荷蘭皇家殼牌公司的泰德‧紐蘭（Ted Newland）和皮埃爾‧瓦克開始使用情境分析的方法預測石油行業的週期。

20 世紀 70 年代，隨著西方經濟停滯和通脹上升，傳統的預測技術被證明越來越不可靠和無效，動搖了企業管理者的信心。由於時代的不確定性，需要一種方法來進行超前規劃。自戰爭結束之後，全球對石油

的需求一直在增長，人們認為這種趨勢將繼續下去。因此，瓦克和紐蘭將注意力集中放在了供應方面，揣摩行業利益相關者的心態，並扮演他們可能的角色，像他們一樣進行做出回應。瓦克可以看出未來供應的一致性得不到保證，「如果我們是伊朗，我們也會這麼做」。設想的過程使他能夠預見其他人尚未考慮到的事態發展。

預測的結果是石油的週期正在發生重大變動，石油危機很可能會發生，公司應該為此做好各方面的準備。1973 年，這一場景成為現實。在1973 年 10 月 6 日，第三次中東戰爭爆發了，導致石油供應國對幾個國家實施了政治禁運，限制了石油供應，油價上漲了 5 倍。瓦克在荷蘭皇家殼牌公司的這一工作已足以確保為這樣一次活動進行了戰略準備，因為公司「從情感上為這一變化做好了準備」。其反應遠遠領先於競爭對手。在石油公司的盈利榜上從第七名升至第二名。瓦克的情境分析，讓荷蘭皇家殼牌公司收穫了經濟價值為數十億美元，在各種情境中，該公司堪稱 20 世紀 70 年代初的成功傳奇。

瓦克也借此一戰成名，他最崇拜一位宗教導師喬治・葛吉夫，他對情境分析的理解有助我們理解在投資中運用「情境分析漁網」的具體方式。葛吉夫說，如果具有特殊的洞察力，「看見」未來是可能的。但是，他並非指用眼睛看。瓦克為了對這種「看見」加以解釋，講述了自己曾在日本遇到的一個園丁的故事。那位園丁指著一根粗粗的竹竿解釋說，如果把一顆石子投向它，輕輕地擊在偏離中心的位置，石子會彈下來，幾乎沒有聲音；但是，如果石子擊在竹竿的正中心，會發出明顯不同的「叮噹」聲。然後，他說要想保證擊中竹竿正中心，在投石子之前，必須聽見自己心裡的那種特殊的聲音，而後注意力高度集中在那個聲音上。據一位同事說，瓦克認為，預測未來需要同樣的訓練。他說，就是

要「集中精力，確切指出那些能激發理解力的關鍵事實或深刻見解」。

這並不是說瓦克是那種只洞察未來的人，他也非常通曉現實世界中的情況，對現實情況以及它們所顯示的大量未來可能發生的情況進行分析。

毫無疑問，預測高週期性行業的未來走勢是一項艱難的挑戰，這一類投資原力的宏觀週期判斷需要多年的細緻觀察和親身體驗來不斷減小預測的偏差。因此，投資人判斷高週期性行業投資機會的關鍵原力，在於對宏觀情境的深刻理解。基於當前的宏觀事實，未來一段時期或者 10 年、20 年宏觀會發生哪些變化，這些變化哪些會深刻地改變高週期性行業的週期，是每一個從事高週期性行業投資的投資人時時刻刻問自己的問題。

對於以往歷史中宏觀變量和產業之間關係的觀測經驗，以及對當下宏觀現狀的深刻理解，是把握高週期性行業的基礎，但僅僅這些是遠遠不夠的，還需要建立沙盤推演的邏輯思維能力，就像電影《全面啟動》裡的造夢師一樣，在該電影中，主人公柯布和小才女亞麗雅德都是出色的造夢師，可以在清醒時預先造出夢境。現實世界的邏輯在夢境中依然存在，但已經可以根據造夢師想像的劇情來演繹。

作為高週期性行業的投資人，需要掌握像造夢師一樣的能力，即可以根據當前的客觀的宏觀環境和產業現狀，來發展一些情境，這些情境中宏觀的背景各自演繹出不同的「劇本」，造夢師根據經驗來判斷哪些可能性更大，哪一種場景會成為最可能的現實。下面分享我在 2020 年 3 月在新浪財經做的一場宏觀演講，作為一個情境分析的實例。

案例：2020 年 3 月時的情境分析

2020 年 3 月，美股大幅度下跌，連續觸發熔斷機制，美國道指及那斯達克指數下跌了超過 35%，A 股大跌超過 400 點至 2,600 點左右，石

油價格下降 30% 以上，最後甚至變為負值，歷史罕見。

全球的避險資金和這種經濟向好的這種趨勢，有最悲觀的預期，也有最樂觀的預期，並且這兩種預期同時存在。這是前所未見的，如果回首來看，應該是 2008 年情況的一個重演，但是比 2008 年更加複雜。

站在今天這個時點上來看，應當對資本市場全門類的資產短期之內持樂觀態度。我們實際上都在尋找零利率，在歷史性的貨幣政策之下尋找一個新的均衡點。在尋找均衡點的過程中，所有資產都有向上的動力。

險資比較強調資產配置，未來包括保險資金在內，會面臨一個資金配置的困境，當前是資金配置一個少有的較好的窗口。因此，結論比較清晰：抓住當前的資金配置的缺口。以 2008 年的演繹過程看，當時最好的資產就是配置在房地產、股票等風險資產上。

當前，表面看經濟是不確定性的，未來的經濟復甦是不確定的，包括現在疫情造成的影響也是不確定的，但貨幣的超發是確定的，要抓住貨幣超發的機會，因為未來以上這些不確定因素逐漸轉向確定以後，貨幣超發的情況又很難退出，那麼我們未來資金面臨的壓力會更大。

另外，比如說黃金、比特幣在短期之內，在流動性的充沛的情況下，仍然具有上漲的空間，但長期我並不看好這些資產。

(▶) 直播金句 ───────────────────────────

1. 目前為止，由於我們以前認為的貨幣超發會帶來惡性通貨膨脹，但實際上這種約束已經消失了，從 2008 年開始，這種超發現象反而會帶來經濟復甦。現在虛擬經濟的這種復甦會帶動實體經濟的變化，所以我認為，這就是未來的一個新常態。

2. 我解讀的未來的世界是一個狂野的世界，大量的資金充斥於市場，跟整個經濟的基本面是脫離的。在一個貨幣超發的狂野世界，持有貨幣相對來說是比較危險的。

3. 未來的挑戰主要來自零利率長期化。未來作為機構投資人和個人投資人，都要想像著整個收益率會下降，因此在一個本益比 30 倍的市場空間，與一個本益比 15 倍的市場裡，尋找投資機會的難度是完全不一樣的。

4. 現在做投資人，我覺得應該具備一些宏觀的視野，因為現在真正主導市場的是流動性這條路徑。

5. A 股乃至全球資本市場都會出現波動性加快的情況。資金快速流動、快速進出，就會很大程度上影響到市場的波動，而這種情況很難改變。在接下來相當長的一段時間之內，市場波動可能都是一個常態。抵禦這種風險，實際上心態很重要。

凱利公式與宏觀情境判斷：勝率與賠率

2006 年，電影《007 首部曲：皇家夜總會》（*Casino Royale*）裡講述了這樣一段情節。恐怖分子因為資金問題攢了個賭局，想從中撈一筆。軍情六處獲知消息後認為最好的辦法是涉身賭局，贏走壞蛋的錢，讓壞蛋們因為沒錢分帳而自相殘殺。這個聰明絕頂的方法卻有一點漏洞：如果賭技差勁，輸給了壞蛋，那就等於政府直接贊助了恐怖主義。

這是一場只能贏不能輸的賭局，只有一位特務能夠勝任。沒錯，他就是詹姆士・龐德。做特務，需要具備很多素質。會賭博，則是這次任

務最重要的軟實力之一。007 系列原作者伊恩‧佛萊明坦誠，之所以從賭場開始介紹 007，是因為「懂得賭博的技巧以及對賭博行為的掌控力是一個人紳士素養的基本反映」。想要在賭桌上贏錢，只能從兩個方面入手：要麼出老千、換牌，製造機率優勢；要麼管理好籌碼，使用先進的下注系統。這裡涉及關鍵的 3 個因素。

1. 勝率。

　　勝率＝成功的機率＝成功的總次數／（成功的總次數＋失敗的總次數）

　　例如，扔一個標準的硬幣，你押正面，扔了 100 次，50 次是正面，勝率就是 50%。

　　假如玩扔骰子遊戲，你押數字 6，數學意義上的勝率是 1/6。

2. 賠率。

　　賠率＝獲勝時的盈利／失敗時的虧損

　　例如上面你扔骰子壓數字 6，若每次下注 2 元，贏了賺 10 元，輸了虧掉 2 元，那麼賠率就是 10/2=5。

　　再如你買了 1 支股票，預測其若上漲，幅度約為 30%；若下跌，幅度約為 10%，那麼賠率就是 30%/10%=3。

3. 下注。

　　下注是指根據過往資訊和當前局面，對未來做出一個預測，並且據此投資總資金的比例。因此，下注的單位應該是百分比，而不是金錢數量。

　　凱利公式（Kelly formula）就是一個通吃賭博和投資兩界的先進下注

系統，為之後的華爾街量化投資提供了基本模型。

它由一個從未進過賭場的科學家發明，方法是用一個動態的比例來下注，這個比例跟賠率相關，或者跟勝率相關。

$$f^* = \frac{pb+p-1}{b}$$

式中，p 為勝率，b 為賠率，f^* 為最優下注比例。

凱利公式，將「勝率」「賠率」「下注比例」整合在一起。該公式的目的，是實現「**擁有正期望值之重複行為**」長期增長率最大化。

該公式於 1956 年由約翰・拉里・凱利（John Larry Kelly）在《貝爾系統技術期刊》（*Bell System Technical Journal*）中發表，可以用來計算每次遊戲中應投注的資金比例。若賭局的期望淨收益為零或為負，凱利公式給出的結論是不賭為贏。在投資中如果不能把握投資的準確性，邏輯上的倉位應該是零，這在高週期投資的邏輯中同樣適用。

舉例來說明這個公式在高週期類公司投資中的應用。若投資人情境分析後認為，航運公司的股價處在歷史的低位，未來 12 個月內有大幅度上漲的可能，而這種可能性在可預見的所有宏觀情境中是非常高的，也就是說不出現這種宏觀情境的機率很小。加之，高週期性公司在歷史上看，其估值底部上漲的幅度是遠遠大於下跌的幅度的，也就是說其賠率也是遠大於 1 的，那麼我們就可以根據凱利公式決定資產配置方案。假設勝率為 80%，賠率為 3，那麼我們應該適用 73.33% 的資金來配置高週期的航運股。

從以上實例可以看出，勝率的預估是凱利公式關鍵，如果勝率等於 50%，那麼即使賠率是 10，配置的比例也會低於 50%。事實上，我們在股票投資過程中，對於賠率的預估應該相對保守，如果賠率是 1，也就是上漲和下跌的幅度都一樣，那麼，只要預測的準確率低於 50%，就不

會把任何一分錢投資在股票上。

美國橡樹資本（Oaktree Capital Management）創始人，著名投資大師霍華·馬克斯（Howard Marks）在一份投資備忘錄中分享了以下幾點：

1）要在投資這場對賭遊戲中贏多、輸少，你就必須在知識上有優勢，你要比對手知道得更多。這正是卓越投資人的優勢所在，卓越投資人對未來的趨勢比一般投資人知道得更多。也就是說，你的勝率是最關鍵的因素。

2）你即使知道機率，也無法「確切」知道未來具體會發生什麼。你還是有 30% 的機率會輸，而且不知道具體哪一次輸，哪一次贏。

3）對於投資這類「賭局」，理論上你只要有 50.1% 的優勢，並且形成下注的連續性，就有機會實現接近於 100% 的收益。在資本市場中，賠率首先是很難預測的，其次，賠率可以透過止損或者止盈的手段人為控制，那麼如果賠率是 1 的話，也就是說做出判斷以後虧錢和賺錢的幅度是一樣的，那麼勝率大於 50% 就相當重要，只要你能夠達到 50.1% 的正確率，那麼在多次的投資實踐中，投資人的收益也可以達到 100%。

需要注意的是，根據凱利公式，在投資實踐中，即使你有 90% 的把握或者說獲勝機率，獲勝後取得的回報也很高，虧錢的機率也可控（意味著賠率也很高），算下來期望值也非常有吸引力，但是在隨機性的作用下，你也可能落入那 10% 的失敗區間裡。避免永久性損失，永遠是投資人第一要考慮的事情。即使你有 90% 的勝率，賠率高達 10%，凱利公式也會告誡你不要押上手上的全部籌碼（all in）。因為勝率高達 90%，意味著你仍然有 10% 的可能性輸掉。

凱利公式在投資中應用的例子

克勞帝‧夏儂（Claude Shannon）透過運用凱利公式，從 20 世紀 50 年代到 1986 年，其投資組合的年收益率大約為 28%。夏儂告訴我們，聰明的投資者應該瞭解自身的優勢，並且只在有優勢的機會中投資。「在我看來，重要的數據並不是過去幾天或幾個月裡股價如何變化，而是過去幾年裡公司收入發生了什麼變化。」

避免血本無歸的唯一途徑是將投資多元化。如果將賭注分別下在每支股票上或購買指數基金，至少可以在付出交易成本外獲得平均收益。如果想要打敗市場，就必須具有他人所沒有的優勢，要洞察購買哪些股票才物有所值。

愛德華‧索普（Edward O. Thorp）是一個成功的案例，他掌管的普林斯頓－新港合夥公司保持了 19 年完全意義上的全壘打，其投資組合收益率在扣除各項費用後達到年均 15.1%，而同期標準普爾 500 指數的年均收益率只有 8.8%。索普極力推崇凱利體系。索普說他在運用凱利的思想時幾乎不需要精心的計算。他可以快速推測從而確定一個資產配置正好處於凱利限制之下。

他認為，凱利體系是一種關於資本管理的數學理論。正是由於運用了凱利體系的原理，索普的數牌策略才避免出現破產出局的情況。凱利體系保證了索普數牌策略能夠百戰百勝，這是開天闢地的頭一遭。凱利公式要求把所有賭注都押在「確定性的東西」上。索普有時會把基金 30% 的資產都投到單筆生意中。最極端的情況是，他把基金資產的 150% 都投入到一筆「確定的」交易中。索普說，在採取著這些大膽的手段時，一個最現實的測試方法是「晚上是否能夠睡得著」。如果他覺得自己實

在感到困擾，就會縮小投資的規模。

高週期性投資：勝率是多次反覆磨練出的能力

高週期投資的過程中，其實就是不斷找到勝率和賠率更精確的值，所以對一個下注高手而言，某一注的輸贏，都傳遞了同等價值的訊息。

高週期類的投資就是一個透過多次重複理解宏觀因素所傳達出來的資訊，把握週期的規律，從而構建的投資人投資體系，理解勝率、賠率和資產配置之間的關係，進而把握投資機會。

所以，有以下 3 點需要著重把握。

1）即使對當前宏觀週期有特別大的把握，對於本輪行情有很大的期待，對於下行的風險有更多的情境假設，以及對於損失的機率都已經做了各種假設估計，以至於最壞的情境出現的機率微乎其微，但是仍然要合理地配置倉位，因為，最壞的情境仍然可能發生。

2）勝率是最重要的因素。情境分析作為高週期性行業的投資工具，在這方面的經驗十分重要，是投資成敗的核心要素。

3）重複驗證是提高勝率的重要方式。危機、週期的變動往往都要經歷一個過程，而這需要時間。在高週期性行業積累的經驗，來自每一次週期的切身感受。在經受過多個週期的考驗後，對於宏觀情境的模擬成功機率就會有所提升。因為經過多次重複驗證的最優倉位選擇才更準確，所以，不能輕易地「浪費任何一次危機」，因為那往往是週期的轉折點。

第十章
宏觀情境分析：抓住「下網」高週期行業的時機

情境分析法的由來

一種在高度不確定性環境下進行決策的工具
- 1. 二戰時期最先由美國軍方使用 － 進行國防預算的決策
- 2. 荷蘭皇家殼牌公司 20 世紀 50 年代利用此方法預測石油週期

描繪出未來情境需要的能力
- 1. 強大的洞察力 － 未來可能發生什麼
- 2. 準確的判斷力 － 哪些會發生，哪些不太可能發生
- 3. 細緻的觀察力 － 把握微觀世界的變化
- 4. 對宏觀的深刻理解 － 歷史、現在與未來
- 5. 自我修正的能力 － 不斷磨合現實與預測間的偏差

凱利公式與宏觀情境判斷：勝率與賠率

1. 勝率 ── 勝率＝成功的機率＝成功的總次數／（成功的總次數＋失敗的總次數）

2. 賠率 ── 賠率＝獲勝時的盈利／失敗時的虧損

3. 凱利公式
$$f^* = \frac{pb+p-1}{b}$$
p 為勝率，b 為賠率，f^* 為最優下注比例

凱利公式在投資中應用的例子

1. 克勞帝・夏儂 ── 從 20 世紀 50 年代到 1986 年，年均組合收益率 28％

2. 愛德華・索普 ── 連續 19 年，扣費後收益年均 15.1％同期標普 500 指數年均收益 8.8％

高週期性投資：勝率是反覆多次磨練出的能力

三句箴言
- 即使對宏觀有特別大的把握，最壞的情境仍有可能發生
- 勝率是最重要的因素
- 重複驗證是提高勝率的重要方式

掘金泥石流：
建立在商業模式優勢之上的漁網

好的商業模式是企業背後的動力

巴菲特曾說：「蒙格能比世界上任何人更快、更準地分析和評估任何一項交易。他能在 60 秒內看到所有可能的缺陷，是一個完美的合夥人。」蒙格認為，要判斷一門生意是不是好生意，就需要問目前這樣的局面能持續多久。「我只知道一種方法來回答這個問題，那就是思考是什麼造成了現在的局面，然後去弄明白造成這些結果的動力多久後將不復存在。」

好的商業模式就是蒙格所說的動力，即什麼讓公司發展到現在，而且這種動力能否穩定地存在。

我們這裡所說的商業模式是建立在定位和戰略之上的，是公司持續保

持競爭優勢的動態閉環循環系統，最簡單的表述就是亞馬遜的「飛輪」，而經營模式和盈利模式是商業模式的一部分，而不是商業模式本身。

定位，目標是改善客戶體驗；戰略，是一種從全域考慮，謀劃實現全域目標的資源配置規劃。所有的公司都有定位的考量，因為這是一家公司生存的基礎。定位不清，不能有效給消費者傳達精準的訊息，導致的後果就是公司在消費者心目中模糊不清，最終很難實現長久的發展。很多公司一開始都有清晰明確的定位，但隨著公司的發展以及行業的變遷，公司逐漸地「失焦」，往往這也是一家公司走下坡路的開始。對於消費類公司，定位尤為重要。行銷方面，精準的定位往往能夠起到事半功倍的效果，尤其是對於消費類公司的「長跑」項目，如果一開始定位準確，意味著未來幾十年甚至上百年的資本開支方向，決定了這家公司能夠跨過代際和國際人群消費習慣的「籬笆」，具備長期增長的能力，這也是我們在滾雪球類公司中重點關注的內容。

從蒙格對可口可樂的分析可以看出，定位更像是一艘戰艦的舵手，本身並不參與拼殺，而是時時把控方向，如果炮手、水手不能執行到位，再好的舵手也很難為取勝貢獻力量。

更為重要的是，一個行業的定位往往雷同，雖然各公司的戰略、商業模式、盈利模式等差異很大，但是定位方向卻往往一致，往往都定位在該行業最佳的發展方向，就像飲料都在碳酸飲料、飲用水和果汁這 3 項布局，定位的方向往往也都基於解渴、功能等核心訴求。鞋的核心定位大多是運動系列，尤其是青少年的核心客戶需求。定位往往不僅是競爭力的來源，更是各家公司的競爭後能夠保持在最佳賽道的結果體現，我們在第 7 章中提到了一些透過定位差異異軍突起的中國國產品牌，我們也注意到「國潮興起」的新趨勢，這也是定位帶來的短期競爭優勢，

需要在未來真槍實彈的競爭過程中，證明其差異定位的優勢是否獲得了成功。

戰略是一家公司資源的配置策略，戰略的核心在於資源配置。我們認為戰略跟商業模式雖然表面上都是公司戰略方面的決策，應保持競爭力的核心能力，但其實質還大不相同。無論是波特五力分析還是規模優勢和差異化競爭戰略，戰略及戰術都是基於當前資源（如資金資本、人力資源等）的配置，但是商業模式以及其內含的經營模式和盈利模式是一個循環加強的系統過程。

靜態來看，一家公司合理配置資源和能力，在一段時間內可以取得競爭的優勢。從長期看，商業模式是公司保持長期持續競爭力的內在動力，具有鮮明商業模式的公司在未來增長的道路更為清晰。

商業模式的設計表現在把資源按照一定的邏輯重複配置，把定位、戰略及戰術和戰略控制目標形成亞馬遜的「飛輪」閉環系統，這個「飛輪」就是商業模式。亞馬遜從上市到現在近 30 年，其網路零售業務就是周而復始地轉動「飛輪」，逐漸地拉開了與競爭者之間的差距。

商業模式是一個動態加強定位和戰略及戰術的系統，不同定位和不同戰略的公司形成的商業模式也是各種各樣的，但評價一個有效的商業模式的核心在於它是否透過動態循環加強了戰略實施的效果，從而加強了定位有效性。

商業模式識別：有比沒有好

定位、戰略、戰術以及商業模式、盈利模式和經營模式，往往對於投資人來說，看起來很重要，但是實踐中很難量化和把握。定位差異化

不一定能夠帶來競爭優勢，往往是弱勢品牌差異化的結果，但其有效性要在慘烈的競爭中才能被驗證，強勢品牌即使在此後的 5 ～ 10 年推出細分品牌，仍然可能對定位差異化的公司形成覆蓋性打擊，這就是消費品強者恆強的邏輯。

戰略、戰術更加虛無縹緲，每家公司都致力於自己所看重的優先事項，但效果需要從市場占有率等諸多指標中去衡量，其實也相當於整體衡量一家公司競爭力。

但是，商業模式具有鮮明的特徵，往往能夠被觀察到，使得投資人在一開始就可以看到領先者在商業模式上獨特的優勢。我們可以透過觀察從無到有和不同維度的商業模式差異，鎖定具有商業模式優勢的領先公司。

實際上，不是每一個公司都有商業模式，在某些行業內，即使居於領先地位的、具有強大品牌競爭力的公司都沒有鮮明的商業模式，而具有鮮明的、可複製、動態循環加強的商業模式就是競爭優勢。

以餐飲行業為例，中國是餐飲行業的大國，每一個省分、城市乃至每一個菜系都有著名的強有力的餐飲企業，有些公司經營多年甚至上百年，區域內競爭力非常強。可以說，中國這些餐飲企業無論從定位、品牌影響力乃至戰略、戰術的配置都是一流的，但從公司價值來看，中國上市公司裡餐飲類的上市公司並不多，鮮見的幾家在不到 20 年內就紛紛改名換姓，說明餐飲行業由於其個性化的特點以及規模不經濟的原因，規模擴張後很容易陷入困境，而且行業內缺乏持續的商業模式來支撐公司長久的持續增長。

以麥當勞為例，定位是及時、衛生、低成本滿足餐飲需求，戰略是品牌戰略，強化消費者識別，流程標準化，用機器替代廚師，滿足快速、衛

生的客戶核心訴求。商業模式是連鎖化，從而帶來規模效應、成本下降和廣告效應這些戰略的核心指標的優化，進入正向循環的商業模式，也衍生出了房地產的盈利模式，收入也多元化，進一步增強了公司的競爭力。麥當勞給我們的啟示在於，那些很難實現持續且完整商業模式的行業，透過標準化，品牌化等方式可以實現商業模式領先，從而實現公司價值創造。

我們關注的商業模式是「飛輪」結構，即在一個行業內，不同公司採取截然不同的推動競爭優勢的模式，在餐飲行業，連鎖就是一個與其他公司不同的推動定位。連鎖形成的過程中，公司資源投向品牌戰略，形成低成本，高識別度的戰略制高點，也形成了商業「飛輪」的動力，隨著一家麥當勞發展成為幾千家店，每一家新設的公司都加強了這個循環的快速循環，從而形成同行業難以企及的競爭力，因此，商業模式是麥當勞競爭力中非常重要的支柱力量，甚至要遠高於流程標準化、產品本地化等作用。在可驗證的長期競爭力的基礎上，房地產經營模式是水到渠成，而不是本末倒置。授權經營、加盟模式都是連鎖經營模式的擴展方式，構成了麥當勞核心的建立在商業模式基礎上的競爭力，因此，從投資的角度看，麥當勞是一家靠商業模式取勝的公司。餐飲行業規模龐大，但在商業模式上成功的公司鳳毛麟角，火鍋店也具有商業模式公司的特徵。

在這裡，連鎖的商業模式就是一個動態循環系統，其主要作用在於動態強化了戰略執行效果，使企業進入正循環。而傳統的餐飲企業仍然陷入「一擴張，即虧損」甚至品質下降的漩渦不能自拔，只有火鍋店等少數餐飲企業正在走向連鎖商業模式的正循環中，在這個個性化特徵明顯、高度依賴廚師等個性資源的行業中，實現了商業模式本身就是一個難得的成就。

「輕資產」商業模式：經營模式推動「飛輪」轉動

商業模式在其內含的經營模式和盈利模式方面的創新，也可以使得整體商業模式的「飛輪」轉動得更快，快魚吃慢魚，快速複製經營模式能夠創造競爭優勢。

萬豪國際酒店集團（簡稱萬豪）的品牌輸出「輕資產模式」就是一個典型的例子。作為擁有 30 個品牌和近 6,000 家酒店的全球最大酒店公司，萬豪享譽全球，追求純粹的「輕資產」品牌輸出為特點的連鎖化商業模式。

萬豪的前身可以追溯到 1927 年，已故的約翰・威拉德・馬里奧特（J. Willard Marriott）與愛麗絲・馬里奧特（Alice S. Marriott）在美國華盛頓創辦了一家小規模啤酒店，起名為熱賣店（The Hot Shoppes）。1929 年 7 月 10 日，萬豪以「熱賣店」的名稱正式在德拉瓦州註冊公司。1953 年，公司 IPO 上市。萬豪首家酒店於 1957 年在美國華盛頓開業。在公司優質服務經營理念的指導下，並以早期成功經驗為基礎，酒店業務得以迅速成長。此後，萬豪分別自創了一系列優質酒店品牌，萬怡酒店（Courtyard）、JW 萬豪酒店（JW Marriott）、萬豪套房酒店（Marriott Suites）、Residence Inn 和 Fairfield Inn 相繼問世。後來對麗思卡爾頓酒店、萬麗連鎖酒店（Renaissance）、新世界連鎖酒店（New World）以及華美達國際連鎖酒店（Ramada International）的收購，使得萬豪成為全球領先的酒店管理集團。

20 世紀 70 年代，原萬豪集團和多數酒店集團一樣，靠自建酒店來擴張。但在石油危機期間，銀行貸款利率暴漲，企業資金鏈非常緊張。為了獲取擴張所必需的金融資源，公司迫切需要將固定資產所束縛的現金流釋放出來。這些固定資產儘管能夠為企業帶來一定的資產升值收

益，但同時也限制了公司的品牌擴張，並使其面臨高財務槓桿下的債務危機。原萬豪集團將所有酒店資產剝離給新成立的萬豪地產，並進行資產證券化包裝以釋放、回籠現金流。

原萬豪集團在 1993 年將業務一分為二，萬豪地產（Host Marriott Corporation）和萬豪國際（Marriot International）。公司結構進行重組後，萬豪國際與萬豪地產分別以輕資產和重資產的模式進行發展。事實證明，這種經營模式（商業模式內含的部分）的變革極大地推動了公司發展，使其連鎖、品牌等「飛輪」飛速轉動，在不增加負債等財務負擔的情況下，以快於同行的速度進行品牌連鎖複製，成為行業的標準商業模式。

萬豪國際幾乎不直接擁有任何酒店，而是以委託管理的方式賺取管理費收益。兩家公司各自經營良好，萬豪國際在直營的同時，開發了特許業務；萬豪地產不僅證券化了萬豪品牌下的資產，還開始為喜達屋（Starwood）等其他酒店品牌處理固定資產。

萬豪地產仍然和兄弟公司萬豪國際保持著緊密聯繫。萬豪國際管理著萬豪地產 61% 的自有酒店，以及萬豪地產從酒店業不動產信託（HPT）處承租的 53 家萬怡酒店。除此之外，萬豪國際還幫助萬豪地產的 JW 萬豪酒店提供融資，以及為個別城市和地區分支提供有限的行政服務。

萬豪的「輕資產」經營模式、商業模式的創新，其核心在於「快」，類似這樣的輕資產經營模式在其他重資產行業還有很多，管理品牌輸出、重資產證券化的邏輯使經營能力和資產負債能力分離，重構了行業的經營模式和商業模式，也改變了行業的競爭格局，取得了長期的競爭優勢。

雖然從表面來看，一段時間內這類公司的收入和利潤並不占優勢，但從長遠來看，其商業模式的優勢慢慢顯露出來，往往後發先至，具有

強大的競爭力。在這類很難標準化運營的行業內，投資人可以透過研判其商業模式的特點，發現在商業模式上有特點的公司，從而識別其長期的價值創造能力，提前鎖定勝局。

高維打擊低維：商業模式代際差

我們可以看到商業模式公司的一種優勢，即在相同環境下同一行業的公司，由於其定位不同，其競爭戰略和商業模式千差萬別。以零售行業為例，同樣是定位於滿足客戶購買商品的需求，不同公司的定位、戰略和商業模式各不相同。沃爾瑪的經營定位是，透過倡導低成本、低費用結構、低價格，讓利給消費者；好市多（COSTCO）的定位是低價提供高品質商品；亞馬遜的定位是，為買家提供優良的服務。從以上公司的定位差異可以看出，雖然同屬零售行業，沃爾瑪的核心訴求是低價，好市多的核心訴求是性價比，亞馬遜的核心訴求是服務，即購物體驗。

從戰略來看，三家公司在資本及人員投入的側重點上也有不同，沃爾瑪的低價格來自低成本，而低成本則來自規模化採購和高效率的管理。美國零售店運銷成本占銷售額的比例一般為 5%，商品損耗率為 2%，而沃爾瑪的商店相應的數字為 1.5% 和 1.1%，沃爾瑪的經營成本總額占零售額的 15.8%，而世界絕大多數零售企業的經營成本都在 40% 左右。沃爾瑪在物流、數據庫甚至衛星等資本投入使其在保持低價方面建立優勢。因此，其商業模式圍繞低價，一站式採購定位，戰略上選址在交通方便、成本低的郊區，資本投入到高效率的基礎設施上。

亞馬遜的價值定位訴求跟沃爾瑪完全不同，它強調的是低價基礎上的購物體驗，購物體驗跟低價是完全不同的定位，在戰略方向上除了強

調物流，雲端服務等基礎設施投入以外，更加強調以大數據、數位化與場景方面的建設，其中商家與平臺、平臺與客戶、客戶與客戶的互動場景，購買體驗是核心競爭優勢驅動公司發展。因此，其商業模式是以規模、高效和數據為核心體驗的商業模式。亞馬遜商業模式可以概括為數位化驅動的平臺戰略，所有客戶和供應商形成複雜的訊息交流模式，而這些訊息模式可以創造價值。

好市多的商業模式跟沃爾瑪基本類似，都是大規模的連鎖商業模式，不同點在於其定位與盈利模式不同。好市多並不在商品本身盈利，而是定位高品質的同時享受低價，品種少是這種定位在戰略上的一個短板。盈利模式改為會員制，有利於在對價格不敏感的客群創造消費者剩餘，但如果沒有定位上的差異化以及強大的規模和基礎設施的支持，僅靠會員制是無法跟強大的沃爾瑪競爭的。

如果比較連鎖經營和平臺經營這兩種商業模式，商業模式上顯然有優劣之分，甚至可以說是緯度不同的物種之間的競爭。亞馬遜這種平臺型的商業模式具有強大的競爭力，它的發展更類似於病毒的傳播。病毒很小，但同時很強大，它可以以很低的成本快速傳播，而傳播後被感染的人又加強了它的能力，使其更為強大；它還可以變異，當不適應傳播時，大數據、人工智慧使得其具有快速調整的能力，變異後的病毒更為強大，很短時間內整個系統全部變成了新的變異病毒的樣子。

亞馬遜更像鯊魚，一隻鯊魚的力量就已很強大，有「沃爾瑪方圓 5公里死亡圈」的說法，相同或者類似商業模式或者商業模式更簡單的企業無法生存。全球擁有 11,348 家店的沃爾瑪形成一群更可怕的、處在食物鏈頂端的鯊魚群，這種鯊魚群的商業模式基本稱霸零售業 62 年，這種商業模式顯然具備強大的競爭力，但是，面對亞馬遜病毒式的商業模

式，食物鏈頂端的海洋霸主也已顯露出在商業模式進化上的劣勢，未來顯然亞馬遜更具優勢。

病毒式的平臺商業模式 VS. 鯊魚群的沃爾瑪和好市多模式，從全球的趨勢都可以看出，前者更具競爭力。它們之間的差別不是定位和戰略戰術的異同，而是商業模式的優劣之分。基於行動網路病毒式傳播的平臺經濟，已經顯現出巨大的競爭力，從對決巴諾書店，到挑戰沃爾瑪，亞馬遜都顯示出強大的競爭力，它可以以更低的成本做到以客戶的需求為中心，更加瞭解客戶需求，也更容易獲取新的客戶，它們之間的差別是商業模式代際上的差別。

我們已經從更多行業觀察到了這類變化，以行動網路為核心的商業模式正以疾風暴雨般的速度掃蕩眾多的行業。一家成立僅僅 3、5 年的公司，採取行動網路的平臺商業模式，短短幾年就可以挑戰百年公司，顛覆行業的格局，這在我們這個時代頻頻發生，這些病毒式傳播的平臺型公司是商業模式的新物種，值得我們特別關注。

同一維度的商業模式：不同生態的對決

商業模式創新發生在不同維度的競爭之間，基本屬於高維打擊低維，不同代際的商業模式優劣很容易判斷。但同一維度上的商業模式需要結合產業環境，才能做出大體的判斷。

鯊魚群和病毒平臺型的商業模式很容易形成商業模式的優勢，這是由產業環境決定的。這是因為在零售行業中，供給方和需求方或者供給方和需求方同時形成局部或者全面的壟斷局面，是零售行業容易建立商業模式優勢而不容易被顛覆的原因。沃爾瑪等傳統零售行業的連鎖＋會

員的商業模式，很容易形成競爭優勢，因為連鎖規模化以後，龐大的客戶群形成的採購能力對供應商形成優勢，而某一地區的客戶形成壟斷效應後，對供應商就可以形成優勢。另外，好的供應商數量不多，規模效應導致供應商跟零售商之間形成穩定的商業模式，很容易進一步形成壟斷效應，尤其是在某一區域，壟斷會加強領先者的競爭優勢。

麥當勞所在的餐飲行業，形成標準化的商業模式、經營模式都比較困難，由於供給和需求兩側的海量市場，餐飲行業很難在供給和需求兩側建立起局部的壟斷效應，而僅僅是單純的規模效應，即只是簡單的標準化管理後的品牌優勢得以凸現。

台積電透過外部這種商業模式創新，事實上使產業形成了兩種生態，一種是以英特爾為代表的晶片的一體化公司，從設計到製造到封裝、測試一條龍全部涵蓋，一方面，要滿足客戶的多樣化需要，就需要一體化公司在個性化投入資源，發展多元設計能力；另一方面，製造環節是一個重資產投入的領域，每年需要數以百億美元的投入以保持在製造環節的成本優勢。從以上分析可以看出，這兩種能力需要建立的商業模式循環系統是完全不同的。

從設計環節來說，需要公司定位於個性化且快速響應客戶新需求。從戰略上來說，就需要公司吸引一流的研發隊伍，給予期權等激勵措施保證一流的人力資源隊伍，在硬科技方面力求實現突破，由研發的技術領先保持公司的競爭優勢。技術領先帶來客戶需求，客戶滿意度提升的同時進一步吸引一流團隊加盟，這是一個由研發主導的商業模式閉環。

製造環節的邏輯大不相同，製造的重資產投入是個長跑過程，每年幾百億美金的投入是基礎，才能保持在行業的領先地位，是典型的重資產行業。但資產的使用效率是核心，使用效率越高，其成本下降越快，

越容易達到最佳的規模，才能保持在行業的成本優勢。英特爾的內部一體化商業模式要求這兩部分實現完美的統一，在設計上能夠保證競爭優勢，同時帶動資產的使用效率提升，但一旦不同步，就可能帶來競爭力的下降。因此，從英特爾的商業模式看，一體化的商業模式實際上設計和製造環節是兩個商業模式，是兩個閉環系統，需要公司保持高度的協調統一才能發揮一體化的優勢。

從台積電的商業模式來看，它正是看到了統一的一體化公司在設計和製造環節的不協調，才把製造環節獨立出來成立專門的「代工」製造環節。這樣，製造環節就只需要考慮製造的資本，而無須受到設計環節的「掣肘」，而設計環節的公司也無須考慮製造的高投入，只需關注研發和客戶，這樣的商業模式創新就對一體化公司形成了事實上的威脅。

台積電與英特爾商業模式的差別，不是緯度上的差別，而更像是交叉的兩個生態體系。兩種方式都沒有碾壓對手的能力，只是解決問題的方式不同。哪一種生態體系更適應未來的競爭格局，取決於未來的環境。就像哺乳動物和爬行動物哪一種更適應生存環境，要看未來的氣候等環境因素更有利於哪一方。從晶片行業來看，需求的多樣化顯然對英特爾是不利的，因為多樣化的需求使得英特爾武裝到牙齒的大軍團失去了重點突破的方向，反而更加靈活的獨立設計公司更容易抓住產業變動帶來的機會。在 20 世紀乃至 2010 年以前，微軟和英特爾的標準組合結構打遍天下無敵手，這種系統標準能力使得任何對手都無法通過規模和標準構築的「護城河」。但是，隨著手機的崛起，安卓的等新標準的確立以及最新的人工智慧的大發展，世界已經從大軍團作戰轉換成為快速變化的環境，技術的路徑出現大範圍漂移，使得以英特爾為代表的一體化公司疲於應對，甚至主動進入代工領域，2021 年 3 月，英特爾宣布投

資 200 億美元進入代工領域，主動打開封閉的一體化商業模式，這也是一體化公司主動適應環境變化的一個舉動。

放眼未來，類似晶片行業的商業模式之爭還遠未結束，不能說哪一種模式具有代際上的優勢，而需要結合未來的產業環境加以判斷，但毫無疑問的是，商業模式在企業競爭中起到了決定性的作用，投資人不容忽視。

長期價值：大象也可以跳舞

泥石流類型的公司是商業模式類型公司的另類存在，其商業模式帶來的競爭優勢可以長期保持。以蘋果公司為例，創投公司洛克創投（Arthur Rock & Co.）早期投資蘋果公司資金 57,600 美元，估算應該占蘋果 1.4% 的股權，1980 年蘋果上市，這次市值投資達到 1,400 萬美元，增值 258 倍。另外一家蘋果的早期投資人是文洛克創投（Venrock），這家公司也投資過英特爾，1978 年，文洛克創投投資 28.8 萬美元，占蘋果 7.6% 股權，1980 年上市市值為 1.16 億美元，三年增值 578 倍。對蘋果的投資也成為文洛克投資最著名的投資，可惜的是該筆投資在幾年以後就退出了。從它們退出到現在，蘋果公司的市值又上漲了近 2,000 倍。

軟銀的投資彰顯了泥石流類型的公司的長期投資價值這一特徵，即使其規模已經很大，仍然具有跨界增長的能力。軟銀的創始人孫正義是日本國籍，軟銀的全稱是軟銀集團，成立於 1981 年，其發行的第二支願景基金軟銀新基金願景基金，堪稱地球最大的私募股權基金，基金規模達到 1,080 億美元，顯然，這麼大的基金規模就是為了大象級別的公司而設，而泥石流類型的公司增長極限仍是一個投資人關注的核心問題。

隨著網際網路及行動網路的發展，在 20 世紀 90 年代末的興起，泥

石流類型的公司跟技術、專利、科學家、實驗室等名詞相距甚遠，包括亞馬遜、Facebook、Netflix、Paypal，以及中國的阿里、騰訊、美團、拼多多、抖音、愛奇藝等一大批公司都是基於網路應用的公司，這些公司立足於網際網路，行動網路基礎設施，透過創新的商業模式構建了新的商業生態，由於其處於新生態的中心平臺位置而帶來行業價值轉移，新生態的內生發展以及外延擴張的能力驅動著平臺公司價值的增長。近 20 年，商業模式類公司得以迅速增長，改變了購物、旅遊、航空、電視、音樂、出版、計程車、酒店等眾多行業。

泥石流類型的公司目前的規模已經很大，但是從收入增長率來看，仍然處在高速發展的過程中，這與我們此前熟悉的「大笨象」類型的公司 差別巨大。

可見，商業模式制勝的公司，尤其是我們定義的建立在行動網路基礎上的病毒式傳播的平臺型公司，一旦其商業模式確立，就進入了超長時期的增長模式，蘋果、亞馬遜都是如此，大象也可以跳舞。

第十一章

掘金泥石流：建立在商業模式優勢之上的漁網

好的商業模式是企業背後的動力

1. 商業模式的基礎

└─ 定位和戰略
　└─ 定位的目標：改善客戶體驗
　└─ 戰略的目標：從全局目標出發的資源配置規劃，實現系統閉環自增強

2. 形成動態閉循環系統 ── 如亞馬遜的「飛輪」
　　　　　　　　　　　　　── 持續保持競爭力

商業模式識別：有比沒有好

商業模式有顯性特徵 ── 易於被觀察
　　　　　　　　　　── 可以辨識出是否具有獨特競爭優勢的潛力
　　　　　　　　　　── 可以從無到有和不同商業維度進行比較

「輕資產」商業模式：經營模式推動飛輪轉動

經營模式和盈利模式創新 ── 「飛輪」轉得更快，創造更強競爭力
　　　　　　　　　　　　　└─ 萬豪酒店管理集團

高維打擊低維：商業模式代際差

1. 病毒式的平臺商業模式 **VS.** 鯊魚群的模式

2. 亞馬遜（線上）**VS.** 巴諾書店（線下）

同一維度的商業模式：不同生態的對決

同一維度下的商業模式
要結合產業環境判斷 ── 沃爾瑪 VS. 好市多
　　　　　　　　　　── 英特爾 VS. 台積電

泥石流類公司的另類之處：長期價值

長期價值：大象也可以跳舞

└─ 上兆美元市值的蘋果類公司已不再是人們印象中的「大笨象」
　└─ 收入仍然保持高速增長

CHAPTER

滾雪球的釣竿：
消費趨勢與品牌消費時代

把握人口結構變遷、收入增長和都市化進程

影響消費市場未來長期變動趨勢的首要因素就是人口結構的變動。從聯合國、摩根士丹利的研究表明，未來 10 年，中國人口結構要發生巨大變動，人口結構的變動將深刻影響消費市場的未來趨勢，是需要特別注意的關鍵因素。

未來 10 年，中國人口結構的變動主要體現在人口高齡化趨勢上，年輕人的數量大幅度減少，20 ～ 35 歲年輕人的數量將減少 21%。整體人口數量結構變動體現在，55 ～ 64 歲人口比重將從 2020 年的 12% 上升至 16%；65 歲以上的人口比重從 2020 年的 12%，將上升至 17%；綜合來看，2020 ～ 2030 年 55 歲以上的人口比重將增加 9%，而 34 歲以下的人口在

總人口的比重將下降 7%。這樣的人口結構的變化將帶來消費行業的巨變（見圖 12-1）。

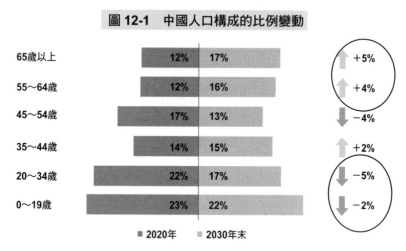

圖 12-1　中國人口構成的比例變動

	2020年	2030年末	
65歲以上	12%	17%	↑ +5%
55～64歲	12%	16%	↑ +4%
45～54歲	17%	13%	↓ −4%
35～44歲	14%	15%	↑ +2%
20～34歲	22%	17%	↓ −5%
0～19歲	23%	22%	↓ −2%

■ 2020年　■ 2030年末

資料來源：美國國家標準局，聯合國，摩根士丹利估算。

另外一個因素就是人均收入的繼續快速增長和都市化的進一步推進。相比較美日歐 80% 甚至 90% 以上的都市化程度，中國目前 61% 的都市化程度仍有較大的增長空間。

品牌的集中度提升是消費品投資的趨勢

滾雪球類型的投資，需要耐心的釣魚者。滾雪球的投資原力源於對大消費公司長期**趨勢**的把握、對頭部公司「護城河」競爭優勢的深刻理解，以及對於產業在越來越快的科技、世界格局變動中保持穩定發展，而不會被外來公司顛覆的考量。

中國無論是白酒、空調還是汽車，從行業增長率來看，都已經走過

了高歌猛進的階段，進入了平穩增長甚至低速增長的階段。消費跟收入的增長息息相關，而在越過了人均 GDP 10,000 美金的門檻之後，步入中等收入國家並邁向高收入國家的進程中，中國人均收入的增長速度和中國 GDP 增長的速度都會逐漸回歸平穩增長的格局。但行業內整合的空間還是巨大的，以白酒、空調和汽車行業為例，最大的公司市場占有率仍然不高，甚至有的還不到 20%，因此，行業仍然在向頭部企業集中的過程中。

放眼未來，在巴菲特和蒙格投資可口可樂的時候，美國的碳酸類飲料已經變成兩強爭霸了，行業整合的空間已經沒有了，大家可以回想下蒙格之問：在美國人喝可口可樂和百事可樂的時候，全球其他 100 多個國家是否可以接受這個口味？可口可樂是否能像在美國一樣在全球取得成功，可以讓全球近 80 億人 1 天 2 瓶？

全球化和代際消費習慣是中國消費品價值提升的核心

從其他飲料來看，投資人在投資飲料行業的時候，核心的問題是全球是否能夠有像可口可樂一樣的公司，可以在全球範圍內暢銷；是否有一家啤酒、白酒公司可以持續增長，成為一國市場的主導者，同時又能夠跨越國界，做到供應全球，這是消費服務行業核心的投資原力，需要對於產業有深刻的理解能力。

消費增長的天花板，涉及全球不同種族、不同民族、不同宗教、不同文化習慣等人口消費的長期趨勢，雖然短期內這些消費的習慣是確定的，但從長期來看，其變化往往是顛覆性的。馬化騰在評價消費習慣改變的時候曾經說道，在 QQ 和 MSN 時代，QQ 是休閒娛樂的應用，MSN 是工作用的工具，但後來 MSN 關閉了。自從微信出來以後，QQ 從大眾

應用工具現在逐漸蛻化成為小朋友和工作的人最愛的社群軟體，大量的人群轉移到微信以後，新生代的用戶使用 QQ 則會更多一些，原因只是因為他們不想跟他們父輩在一個群裡聊天，讓他們的父親母親看到他們的朋友圈。這就是代際之間消費習慣改變的例子，而商務人士看重的是 QQ 的文件傳輸和存儲等能力，這樣的例子還有很多，一個品牌能夠保持 100 多年經久不衰，能夠跨越幾代人的消費習慣改變的趨勢，是非常困難的。從不同代際的人來說，內生的就有改變消費習慣的動力，為了彰顯個性，就使用與上一代人不同的產品。

中國跟美國、日本、歐洲對於審美的觀點有很大不同，亞洲人的審美觀點、飲食習慣跟歐美差異還是比較顯著的，這也造成了中國的一些品牌在國際化進程中面臨挑戰，成功的公司不多，大部分都還是僅限於一國的市場，這也從一個側面說明消費品的長期趨勢是很難把握的，必須對行業有非常深刻的瞭解，並且耗費數年來觀察這種判斷是否正確。

因此，滾雪球的投資人就像「孤舟蓑笠翁，獨釣寒江雪」，必須有對於行業長期的洞見和堅韌的信念，短期釣不到魚也不能放棄，要靜等魚來，投資原力的魚竿不是短期把握趨勢能力，而是遠見。

人和團隊是消費類公司的核心驅動力

相比週期性行業，消費類公司對創始人和核心團隊的依賴是一個顯著的特點。董明珠、鐘睒睒、宗慶後、俞敏洪、王石等明星企業家背後都是一個行業龍頭企業發展壯大的歷史。這些企業家往往就是企業的創始人，在激烈的競爭中把一家公司從零發展壯大，成為行業霸主。由於中國消費品市場的快速變化，品牌是在一個高速更新換代的產業發展，中國改革開

放 40 年，大大泡泡糖、健力寶、巨能鈣、樂凱膠捲等一系列國產品牌曾經紅極一時，又都從巔峰上跌入塵埃，在唏噓之餘，作為投資人也能充分體會中國消費品市場變化速度之快，潮流和趨勢瞬息萬變。中國消費品品牌公司面對迅速擴張的消費市場和龐大的消費增長潛力，隨時都可能錯失發展機會，押錯潮流方向，在湍急的河流中翻船。從投資的角度看，剩者為王，能夠一直屹立潮流不倒的公司一個共同特徵就是幾乎都有一個靈魂人物，以及由這個靈魂人物構建的穩定的核心團隊，即使該核心團隊主要由家族人員構成，仍然是公司發展的核心支柱。企業家以及企業家精神在消費類公司中表現得淋漓盡致，主要歸功於企業家對行業發展趨勢的洞察力和對於公司戰略的制定和執行，在中國投資消費品行業，企業家的能力是識別公司發展前景的非常重要的指標。

這也在一定程度上意味著，目前中國投資者投資一家品牌為核心的企業也就是投資一個企業家的核心能力，就是對於企業家投的贊成票，相信企業家能夠帶領公司在未來發展過程中繼續無堅不摧，長期的持續創造價值。

還有一類消費品品牌公司，其品牌歷史悠久，並不是由當前的管理層創立的，但其悠久的歷史和在消費者認知中的地位根深蒂固，具有非常強的市場競爭力。這樣的公司跟歐美市場上以職業經理人為核心的品牌管理團隊更為相像，當前的管理者更多的是繼承和發揚前人在品牌塑造的成果，並且在新的時代能夠進一步給予品牌更多的內涵，以適應當前時代新的競爭環境。在這樣的公司裡，創始人早已不再是企業經營的核心，職業經理人對公司品牌理念的理解就顯得尤為重要，投資人也需要更多關注公司的發展的趨勢。一個能夠占據市場優勢地位的消費品或者服務品牌，在消費者認知中已經有了非常強勢品牌識別度和市場定位，其

公司的戰略和組織架構都是圍繞著品牌的戰略定位來布局的，但我們也會發現，在不斷變化的動態的市場競爭中，消費者口味、潮流的變化是日新月異的，即使擁有百年歷史、強大市場占有率的品牌公司，其管理層仍然面臨巨大的挑戰，需要不斷去應對變化的市場。投資人需要跟管理層一起理解公司戰略定位並調整理念和思路，像 CEO 一樣思考，有些戰略成功了，但也有一些戰略失誤而導致企業錯失了發展機會，投資人在具備消費趨勢的洞察力的同時，還需要評價公司品牌戰略的能力，才能及時觀察公司是還在持續創造長期價值的道路上，還是已經滑向失落的深淵。

　　由此我們可以看出，由於管理層的重要性，尤其是對於創始人還在位的消費品公司，管理層的代際交替成為品牌消費品一個獨有的風險因素。老一輩打天下的企業家透過大量的實踐、多次的失敗鍛造了掌控公司發展大方向的能力，同時也彙集了一批管理人員，從而使公司發展在正確的軌道上。但改革開放 40 年後，這一批的企業家大部分都到了退休的年齡，有的已經超齡「服役」多年，在把管理權限向下一代新的領軍人物傳遞的過程中，雖然很多新一代管理者早已介入公司的實際運營，跟老一代的管理層之間學習和鍛煉後也早已進入管理層的角色，並且掌握了往往新一代的知識結構更新，視野也更加寬廣，更加全球化。但是，中國的品牌競爭可以說已經進入了全球化競爭的環境，全球知名的品牌在中國市場上跟中國本土的公司同臺競技，管理層之間的權力交接是目前中國消費品公司面臨的一個集體性的、共同的風險，需要格外加以重視。相反，職業經理人管理的品牌公司，雖然並沒有代際傳承的壓力，但是，管理層的穩定性仍然是一個左右上市公司價值的核心因素。由於消費品品牌的可塑性很強，一個核心靈魂人物就意味著一個新的經營理念，而這些理念都有待市場來驗證，即使是已經有了上百年歷史的傳承悠久的品牌公司，管理層尤其是

董事長、總經理、行銷總監等核心人物的變動對品牌公司來說也都值得關注，新的經營策略都需要仔細追蹤觀察，以確認公司的發展趨勢。

財務指標要結合公司基本面因素綜合使用

很多投資人會非常關注消費類公司的財務指標，透過同類型甚至不同行業公司之間的毛利率、淨利率等差異來說明白酒、飲料、調料、食用油之間的價值的差異。雖然毛利率能夠在一定程度上說明公司經營能力的高低，對於同一行業的公司而言其參考價值更有所提高，但不能高估財務指標的作用。

就以毛利率為例，毛利率高並不一定代表公司的盈利能力強，更不能以此推斷公司的競爭力強。以化妝品為例，毛利率高很可能只代表其定價不同，並不一定代表其經營能力的高低。高端化妝品定價高，自然毛利率就高，但企業淨利潤率高低除了取決於毛利率的高低以外，還有銷售費用率以及管理費用率指標。相比較而言，高端化妝品為了維持高端形象，每年都需要在廣告及銷售通路上投入巨資，這就一定程度上降低了企業的淨利率。而一個立足本地市場的低端化妝品，由於其基本沒有廣告投入，人員少管理層級少，管理費用低，雖然毛利率很低，但是淨利率反而可能更高。所以，毛利率高低也許只體現了不同產品定位的不同，並不代表公司的盈利能力，更可能跟公司長期價值創造能力毫無關係。

比較不同行業毛利率，就得出行業價值優劣的結論，這一結論根本無從談起。高端白酒、瓶裝水、調料和食用油屬於完全不同的市場，每一個市場都有其固有的競爭特徵，高端白酒屬於非必需消費品，甚至有些有奢侈品特點，高毛利、高費用率、低週轉率是奢侈品行業共同的特

徵，並且由於面向金字塔頂端的人群，占有率高的單一品牌的商品，產銷量和增長率受到目標人群收入、消費習慣等制約。瓶裝水表面看毛利率很高，成本更多體現在了瓶上，但是，即使最大的瓶裝水品牌也沒有輕易提升價格的空間，面臨眾多品牌的「紅海」競爭。因為一旦瓶裝水提高價格，就不再處於主流的消費「賽道」，而是進入咖啡廳、酒店消費等奢侈品專賣通路，也就意味著失去最廣大的市場，所以，品牌最強、市場占有率最高的瓶裝水品牌淨利潤率並不高，只有這樣才能滿足其在激烈競爭中的優勢地位。至於調料和食用油本身作為必需品，消費者每天都要消費，是消費者物價指數（CPI）的重要組成部分，消費者可以不喝酒、少喝瓶裝水，但是不能不吃調料和食用油，因此，消費者乃至政府相關部門對於其價格更加敏感，這就注定了這類商品的毛利率要遠低於高端白酒和瓶裝水的水準，這類公司在低價、品牌知名度這兩方面保持平衡，建立市場地位，由於其低毛利率的特點，並不會吸引更多的競爭者加入，低毛利本身對於公司在行業的品牌競爭力就顯得尤為重要。

透過以上分析我們可以看到，簡單地比較毛利率或者某一個單一指標來識別公司長期的價值創造能力是不準確的，有時候甚至是南轅北轍，反而得出完全相反的結論。財務指標是一個公司經營結果的歷史紀錄，往往具有「向後看」的特徵，而前瞻性的公司創造的價值，需要更多結合公司經營的定位、戰略、人員等情況綜合判斷。不同的行業品牌消費品由於定位不同、競爭激烈程度有差異、商業模式不同，以及受到新興的新通路的影響不同，不可簡單比較，同一行業的公司比較更有參考意義。

更為重要的是，同一公司縱向的財務指標比較更具有分析上的意義。無論是競爭環境變化還是公司經營戰略的調整，都將反映在公司定期的財務數據上，縱向比較不同時期的公司經營財務數據，會發現公司

價值創造能力變化的線索。品牌消費品的外部環境雖然處在變化之中，但是這種變化更多表現為一種漸進式的趨勢變動，基本上被一種能夠被察覺但是不易確認的變化所主導。公司的經營者就是根據在大部分時間並不劇烈的變動提前做出反應，有時候能夠準確地應對，有時候卻會反應過度，不同反應形成的結果也大相徑庭。

如果外部環境一直在漸進式地向不利於品牌消費品現有定位的方向發展，而管理層認為這種變化是短期的，或者是階段性的，不需要積極應對，只要保持原有的品牌定位就可以輕鬆應對，那麼管理層就在犯一種這個行業經常發生的錯誤，即戰略定位過時。以不變應萬變，財務指標就會逐漸呈現出不利於公司的壞趨勢，比如銷售週轉率下降，庫存上升，淨利率下降等。這種變化往往也是緩慢的，很難跟其他的影響銷售變現的原因（如個人收入變動，甚至是天氣的等偶發因素）嚴格區分開。但是，隨著時間的推移，如果趨勢已經出現了危及經營的重大信號，留給管理層改變的時間就已經不多了，而管理層的倉促應戰很可能導致公司業績繼續下滑，從而進入負向的循環，很多品牌最後無力回天，被市場淘汰。所以，如果投資人一直追蹤公司的財務狀況，綜合考量公司毛利率、銷售毛利率、管理費用率、銷售週轉率、庫存週轉率、負債率等核心指標以及它們之間的鉤稽關係，就可以建立一個公司的財務狀況的「體檢表」，從而更早或者跟管理層同步理解行業和公司出現的挑戰，事先就可以做出準確合理的投資決策。

當然，現實的世界不會這麼簡單。管理層都是行業的行家裡手，不會坐視行業趨勢變化而無動於衷，由此產生的管理層的戰略動作，使我們無法簡單透過追蹤財務指標來判斷公司狀況。行業正在發生翻天覆地的變化，這種變化對於競爭對手有利，而對公司多年積累的品牌定位不

利。這時，管理層如果主動出擊，加大行銷方面的投入，或者推出針鋒相對的子品牌來應對競爭對手的挑釁，毛利率、淨利率或者銷售利潤率等歷史財務指標會出現大幅度的下降，而這種下降恰恰說明公司管理層在積極應對，這種下降跟上文中滯後反應導致的財務指標下降含義是截然不同的，需要區別對待。在積極應對的前提下，我們可能在不遠的將來就會發現當前投資或者費用大幅度飆升帶來的長期效果，當然，這個效果有待觀察，需要持續的追蹤。

不結合公司的經營活動以及行為，簡單地分析財務數據是遠遠不夠的，甚至可能導致得出完全相反的錯誤結論。因此，過分強調靜態的財務指標，把公司當成一個冷冰冰機器拆解是不對的；相反，應該看到，任何一家公司都是處在持續變化的環境中參與激烈競爭的一個活的生物體，像人一樣，過去的輝煌只能代表過去，今天的行為才是未來結果的原因，今天的蓄勢以待往往意味著未來的一飛沖天，而今天的萬眾矚目、鮮花掌聲也往往預示著可能的危險。

更重要的是，很多決定公司核心競爭力的因素，比如首席設計師跳槽到競爭對手公司，核心領導人退休或公司實施多品牌戰略等變化短期無法體現在財務指標上，長期也不會顯示出一一對應的指標，所以在使用財務指標判斷一家公司的時候，要盡最大可能性跟公司的經營相結合，尤其是識別決定公司未來核心的前瞻性因素，長期追蹤、對照財務指標才能把握公司的長期發展趨勢。

認知的認知：突破第一層認知的圍欄

品牌消費品由於其透明度高，龍頭企業壟斷能力強，使得投資人對

於該類投資的認識門檻相對比較低。基本任何投資人都可以跟你大聊白酒，但是很少有人隨便就可以聊聊標靶治療藥物，大部分投資人對於晶片也只是略懂皮毛，真的要詳細講講行業內在的技術細節，對於大部分投資人來說還是相當困難的。即使是化工、農業種子這種行業，其技術門檻也相當的高，不花費一定的時間很難掌握內裡乾坤。

品牌消費和服務公司，基本都是我們身邊的公司，很多投資人都有切身的體驗，吃的火鍋、喝的瓶裝水、請客的高端白酒，都是日常耳熟能詳的消費品，每個人基本都有自身的看法，不同人對於公司的看法雖有不同，但基本上也大同小異，容易達成一致預期。最明顯的是高端白酒（我也是白酒的重度消費者），此前不同的人應該說偏好口味還是五花八門，各地也有各地的主打品牌，但是隨著資本市場的演繹，無論從酒桌上還是資本市場，對於白酒的看法趨於一致，基本趨向認為龍頭天生，天賦異稟。

品牌消費品的認知門檻低、容易達成一致的特徵給投資帶來好處在於高認知度下的「抱團現象」，無論是機構還是個人，基本都有標配的 1 支或者幾支品牌消費品股票。然而，挑戰在於品牌消費品長期處於價格的高位，很難找到低位建倉的機會，那麼也就很難取得超額回報，甚至一不留神建倉在高處，一次回調就會出現損失，需要很長的時間才會「修復」。

基於以上的特徵，對於品牌消費品只簡單強調認知能力是遠遠不夠的，因為基於現有認知做出的邏輯判斷，即使增加再多的資訊也只是對當前判斷的確認。很多投資人投資了白酒，從此就開始瞭解醬香、濃香各個系列，深挖各種酒的歷史傳承，對各種香型名酒如數家珍。專業投資人也經常遠赴貴州，參觀全流程的製酒工藝，在廠區門口數大車，等等。這些資訊雖然增加了我們對於高端白酒的認識能力，但是仍未超出公司已經披露的資訊的範疇，即沒有對現有大部分投資人形成的共識具

有「批判」性質的新增資訊和邏輯，也沒有發現更多對公司長期價值變動有意義的線索，更多的只是對於市面上流傳的各種資訊的驗證，這種資訊以及建立於此之上的認知沒有辦法創造價值，實際上更多的是投資人自我的心理安慰，好像嚴肅、認真地對待投資就一定會獲得回報一樣，天道酬勤的自我感動實際上跟投資本身無關。

從這個角度來說，在投資領域，投資人並不是越努力越應該得到回報，只有具有超出大部分投資人當前認知水準（尤其是一致預期水準）的認識，投資才有效果，這樣的認知就是「認知的認知」，認識到當前的投資人的一致預期是錯誤的，認識到基於錯誤的資訊當前公司的定價是錯誤的，根據第二層認知的邏輯對當前錯誤的定價進行做多和做空的投資操作，最後，大部分投資人認識到，原有的預期過於樂觀或者悲觀，或基於判斷的數據本身就是錯誤的，結果只能是「驚喜」或「驚嚇」，市場矯正的過程就是第二層認知能力的投資人獲利的過程。如果辛苦調研努力的結果沒有「驚喜」也沒有「驚嚇」，跟公司和大部分投資人的說法一致，那麼市場並不會給予這種一致的認知多少獎勵，投資的效果自然大打折扣。

「驚喜」和「驚嚇」才能創造價值。我們先從「驚嚇」開始說起，有一類公司的商業模式就是建立在「驚嚇」的基礎之上的，這類公司被我們稱為「做空機構」，像大名鼎鼎的渾水研究（簡稱「渾水」）就是其中經常創造驚嚇並以此來賺錢的公司。渾水的創始人是卡森・布洛克（Carson Block），布洛克跟中國淵源很深，公司名字取自中國的成語「渾水摸魚」。早在 1998 年布洛克就來到中國，他當年就在研究 A 股，半年之後他回到美國，後來組建了渾水。渾水的典型做法是先做空目標標的，然後揭露上市公司的虛假財報和欺詐行為，等到市場認可其判斷並

且股價大幅度下跌時，渾水平倉獲利。

消費品公司由於其行業特徵和其清晰可見的商業模式很容易看懂，消費者和投資人也容易在上市公司簡單的財務經營數據基礎上形成一致認知，但同時也給了渾水這種摳細節的公司大展拳腳的機會。渾水連續做空包括瑞幸咖啡在內的一系列公司，讓投資人驚嚇連連，在投資人遭受損失的同時渾水起到了提醒投資人投資風險的作用。即使目光敏銳的品牌消費品投資人，在進行投資的時候也需要建立在常識和細節上一再確認。當然，我們不能因為少數幾家公司欺詐就懷疑一切，但是即使對於品牌消費品，也需要小心求證其經營細節，尤其對於處於初創時期，歷史數據不多，投資人感知能力還不強的公司，更要謹慎。投資人在持續追蹤過程中逐漸積累細節數據和消費真實體驗是一個不錯的做法，在很大機率上就可以消除認知的偏差，避免損失。對於大多數規模龐大、品牌效應顯著的公司來說，這種「驚嚇」出現的機率並不高，整體投資的風險還是相對比較小的。

跨區域和差異化能力：經常被低估的認知盲區

「驚喜」對於品牌消費品更加稀缺，是專注品牌消費服務類型的專業投資人核心能力的體現和最主要的超額收益來源。正如上文提到的，品牌消費品很難被低估，主要基於其品牌影響力和龐大的投資人基礎，只要定價過低，就會有投資人低位「撿漏」，另外，大量的投資研究機構都會給出緊密的追蹤報告，報告對於業績的預測往往差距並不大，這是投資人面對的最大難度的挑戰。

一方面，從全球的實踐來看，一家企業跨區域、全球化的能力是容

易被大部分投資人低估的一個優勢。投資人短期雖然能夠比較好地理解品牌消費品公司的基本面，但是由於品牌往往具有區域特點，投資人往往會低估品牌跨區域、跨文化和全球化能力對公司價值的影響，而具有國際視野的有經驗的投資人可以準確地抓住這樣的投資時機，在一個本土品牌國際化的過程中獲益。

1989 年，星巴克只是一家位於美國西北部和芝加哥以及加拿大的有 28 家門市的小公司，在早期融資過程中，星巴克歷經坎坷，多次被投資人拒絕，因為早期的投資人並不相信星巴克可以從一個區域性的咖啡廳發展成為全國甚至全世界知名的咖啡廳品牌。1995 年以前，星巴克在北美以外沒有任何一家分店。然而在星巴克制定了國家化的發展道路以後，經過 6 年的發展，它就在全世界的 12 個國家建立了 400 多家分店，2020 年，星巴克財務總監宣布，預計到 2030 財年，星巴克在全球範圍內的門市數量將達到約 55,000 家，星巴克從一個區域小品牌成長為全球性的大公司。自 1992 年星巴克股票上市後，星巴克市值從 4 億美元增至 2021 年 5 月 31 日的 1341 億美元，累積增長了 334 倍。星巴克作為一家咖啡廳運營公司，應該說其商業模式相對是比較簡單的，大部分投資人都很容易接觸到這家公司的產品和服務，可能樓下的街角就有一家。就是這麼一家簡單的公司，其漲幅如此巨大，顯然投資人嚴重低估了其全球經營的能力，低估了其持續增長的能力。其結果是星巴克股價不斷突破新高，不同於上市不久就被投資人把價格定在超高水準，早期投資人取得大部分收益，而後來的投資人無法享受公司增長的過程。實際的情況是，在全球化的經營環境下，一個國家的投資人對一個品牌在全球化的經營環境下的表現缺乏認知，容易低估一個優秀的公司在全球化過程中的能力，從而低估一個品牌公司的價值。

另一方面，投資人往往會高估大品牌公司在市場上的統治力，並低估「挑戰者」成功的可能性；或者認為創業公司點子不錯，但如果行業內的大公司來做，則會輕易碾壓創業公司的所有投入；或者已經發現有大公司正在做一樣的事情，新公司不可能成功。但新的競爭者往往能夠在市場劇烈變動過程中創造奇蹟，在本來被認為不可能的市場競爭中站穩腳跟。

泡泡瑪特就是在一片被質疑的環境中頑強生長的一類逆襲公司。其主要產品，盲盒，即買之前不能確定實際玩偶樣式的一種玩具。盲盒商業模式並不是新經濟的範疇，盲盒所屬的玩具行業的產業鏈已經相當成熟和完善，而居於行業價值核心主導地位的不是玩具製造和銷售公司，而是像迪士尼這樣的 IP（知識產權）持有方，沒有獨立 IP 形象的玩具生產商基本上在產業鏈上居於代工廠地位，利潤低，競爭激烈。持有大 IP 的公司都是影視行業巨頭，一家影業手上握有的 IP 數量以及品質，往往會對其在業內的地位起到決定性的作用。泡泡瑪特在不依託影視動漫形象的情況下，透過獨立設計師打造玩偶形象，再以盲盒形式跟原有強大的行業規則對抗。從一般認知來說，這種對抗相當於唐·吉訶德對戰風車，即使這個商業模式成功了，大公司好像也可以在短期內迅速複製這種成功模式，從而讓挑戰者成為「先烈」。事實上，泡泡瑪特已經實現以市值千億港元成功上市，行業的巨頭也沒有輕易轉型打敗盲盒公司。投資人往往會低估新的公司以差異化競爭戰略挑戰原有行業巨頭的能力和決心，過高地估計行業的壁壘，從而低估行業「挑戰者」的價值。

好公司摔跤的時候往往是最好的時機

品牌的建立是極其困難的，其過程就像建造大樓一樣，投入大量的資

本，在經歷相當長一段時間的積累，才能在市場上得到消費者的認可，從而創造長期的價值。但是，品牌消費品同時也面臨重大聲譽風險，一旦產品或服務出現瑕疵或者事故，都將深深傷害品牌形象，其破壞力不亞於一場大火對於大樓的破壞力。當事故發生時，消費者充滿憤怒，各種負面消息連篇累牘，品牌形象遭受重大打擊；同時，公司短期業績大幅度下降，甚至出現巨額虧損；資本市場上投資人惶恐不安，投資人出於短期避險的心理，並不會仔細分析事件對於一個品牌長期的影響有多大，恐慌性的拋售使得公司股價往往大幅度下跌，甚至創出歷史性的低價，這種時候對於一家品牌公司的打擊是巨大的，也是對品牌真正的考驗。

食品行業是一個比較典型的容易受到短期打擊的行業，食品安全無論在哪一個時期，無論在哪一個國家，都是消費者至關重要的考量，如果出現食品安全問題，對品牌食品公司打擊毫無疑問是巨大的。

2008 年中國奶製品汙染事件是中國一起典型的食品安全事故。事故起因是很多食用三鹿集團生產的奶粉的嬰兒被發現患有腎結石，隨後人們在其奶粉中被發現化工原料三聚氰胺。根據公布數字，截至 2008 年 9 月 21 日，因使用嬰幼兒奶粉而接受門診治療諮詢且已康復的嬰幼兒累計 39,965 人，正在住院的有 12,892 人，此前已治癒出院 1,579 人，死亡 4 人，事件引起各國的高度關注和對乳製品安全的擔憂，中國國家質檢總局公布對國內的乳製品廠家生產的嬰幼兒奶粉的三聚氰胺檢驗報告後，事件迅速惡化，包括伊利、蒙牛、光明、聖元及雅士利在內的多個廠家的奶粉都檢出含有三聚氰胺。該事件亦重創中國製造商品信譽，多個國家禁止了中國乳製品進口。2011 年，中國中央電視臺《每周質量報告》調查發現，仍有 7 成中國民眾不敢買國產奶製品，可見當時事件對於消費者信心的影響有多大。

　　投資人當時也迅速採取行動，中國上市的乳業公司股價紛紛暴跌，一個月的跌幅都在 50% 以上，高的跌了近 90%，可見當時投資人在恐慌心理的作用下不計成本地出逃，完全已經不考慮成本以及未來行業和公司的發展。但是，如果從最低點開始算起，事件以後，伊利股份股價翻了 54 倍，蒙牛乳業上漲了 16 倍，事件並沒有給予兩家龍頭企業以致命打擊，反而經此一役，大量的中小乳品公司破產，行業洗牌加劇，乳業公司的監管環境以及商業模式也發生了重大變化，行業樹立起了高高的壁壘，龍頭公司經受了考驗，經歷了一個價值回歸並重回正軌的過程。

　　在品牌消費品領域，投資人往往也是消費者，在不利事件發生時，往往受到對產品本身產生負面情緒以及資本市場避險的雙重影響，短期行為更為激烈，容易誇大事件對行業和公司傷害，從而低估行業和龍頭公司復甦的能力。在事故發生時，龍頭公司由於市場占有率高，反應快速，容易從低谷中慢慢重獲消費者的信任，同時，消費者的行為會更加謹慎，其他小的品牌更加不易生存，頭部公司的市場占有率反而會有所上升，整個行業的集中度會進一步提升，龍頭公司抵禦風險的能力也進一步增強。所以，短期情緒化的認知造成的股價大幅度下降是品牌消費品出現低估的事件性機會，基本面穩健的公司一般都不會給予投資人低價買入的機會，但是當影響行業的公共事件發生，行業遭遇重創時，只要龍頭公司財務足夠穩健，應對迅速合理，在危機中往往會產生非常好的介入時機，好公司摔跤的時候往往是最好的買入時機。但是，如果這個事件不是行業性的，只是個體行為導致的重大事件，結果則會大不相同，這時候對於其他競爭對手公司是一個千載難逢的逆襲機會，領先的公司也可能經此一役一蹶不振，因此，也要區別對待。

第十二章
滾雪球的釣竿：消費趨勢與品牌消費時代

把握人口結構變遷、收入增長和都市化進程

　影響未來消費趨勢長期變動的主要因素
- 人口的變動 － 人口結構：老齡化，Z 世代
- 人均收入水準變動
- 都市化

品牌的集中度提升是消費品投資的趨勢

　投資原力來源
- 對消費類公司長期趨勢的把握
- 對「護城河」的深刻理解
- 對目標公司被新技術、新格局顛覆的考量

全球化和代際消費習慣是中國消費品價值提升的核心

　重要考量因素
- 1. 能否像可口可樂一樣全球銷售
- 2. 酒類公司是否能持續增長

人和團隊是消費類公司核心驅動力

　投資消費類企業重要的指標：企業家精神 － 相比週期類行業，消費類行業更依賴於創始人和核心團隊

財務指標要結合公司基本面因素綜合使用

　不能高估財務指標的作用
- 應該探尋財務指標後面深層次的內涵和訊息
- 應該結合環境、定位、戰略、人員等核心因素進行更前瞻的判斷

認知的認知：突破第一層認知的圍欄

　並非越努力越有效 － 只有超出大部分人的認知水準才會有效

跨區域和差異化能力：經常被低估的認知盲區

　1. 具有國際化視野和投資經驗甚為重要 － 容易忽略的重要因素
- 跨區域
- 跨文化
- 國際化

　2. 認知偏誤 － 高估品牌的市場統治力，低估「挑戰者」成功的可能

好公司摔跤的時候往往是最好的時機

　好公司往往難以找到好的買點 － 抓住好公司摔跤的機會

硬科技:
高風險下的精準撒網

餡餅和陷阱

　　硬科技公司主要基於研發和資產的投資,而研發又跟人才和積累密切相關,同時,技術發展進程的高度不確定,使得硬科技領域的投資回報具有「長尾效應」,往往大部分的公司都會失敗,但是一旦公司研發成功,所取得的回報可以達到幾十倍、上百倍,乃至成千上萬倍。同時我們也注意到,科技為核心的公司具有贏家通吃的特徵,即行業發展的紅利往往被一兩家核心公司所獲得,硬科技的投資人面對的是一個不符合大數定律、平均回報的市場。

　　顛覆性科技前沿是未來硬科技領域公司在研發方面投入的重點,也是投資者關注的未來「新賽道」。硬科技作為研發推動產業,其「賽道」

的路徑也具有高度不確定性，晶片行業中的 CPU、GPU，新能源汽車中的氫動力車和純電動車，純電賽道的不同電池路線之爭，生物製藥的各種管道，這些硬科技的創新都符合長尾理論，具有專業知識的投資人才具備優勢，越是瞭解行業的技術細節脈絡，投資的準確度越高。但是，從硬科技公司發展的歷程來看，即使專業投資人也往往「打眼」，看起來最有希望的技術和公司反而不能成功，對於投資人來說，往往「餡餅」變「陷阱」，承擔巨大的投資風險。

以因新冠疫苗研發而大放異彩的 mRNA 技術為例，在 40 多年研發過程中經歷了跟所有新興技術一樣的遭遇，長達 40 年無人問津，其可用性差，安全性低，進展緩慢，mRNA 技術被認為是科學上的一潭死水。

mRNA 技術奠基人之一考里科・卡塔琳（Karikó Katalin），她研發了效率高達 95% 的新冠疫苗 BNT162b2。她始終堅持研究 mRNA 技術，雖然沒有投資人看好，拿不到經費，自身還一度疑似罹患癌症，但最終證明她的研究是正確的，而眾多投資人與之失之交臂，這一例子揭示了高科技行業投資的高度不確定性。

如今 mRNA 成為生物製藥領域最熱門的「賽道」，跟此技術相關的公司受到了投資人的熱捧，投資人取得了豐厚的回報。這個領域的三巨頭，CureVac AG、德國生物新技術公司（BioNTech）和莫德納（Moderna）目前呈現出三足鼎立之勢。三家企業的研發管線已經占據了 mRNA 療法裡絕大部分的研發管線。目前，mRNA 技術兩大應用領域，即傳染性疾病和癌症，從新冠肺炎疫苗起步，mRNA 將重新定義疫苗的研發技術，技術驅動的公司一旦成功，無論是投資人還是用戶都將獲得巨大的收益，甚至推動人類社會的進步。

投資未來大趨勢

從投資實踐來看，科幻小說家關於未來恢宏的一般暢想，是成功的科技公司投資人應該掌握的核心思維模式。一些科技投資人對未來世界發展趨勢擁有敏銳的感知能力和預判能力，在產業發展的初期，他們就往往基於未來的圖景，傾盡全力來抓住產業發展初期的機會，市場也給予他們超現實的感知能力以回報，在科技為核心的公司的成功投資，取得的回報往往是幾百、上千倍，甚至有的公司能夠給初期投資人提供上萬倍的盈利機會。

未來是什麼樣的？未來 10 年乃至更長時間，哪些技術將引領人類社會的發展？哪些領域將出現現象級的投資機會，湧現出更多創新的公司？解答這些問題對應著作為核心驅動力的投資人和立足科技創新的創業者最核心的能力。可感知的未來，就是當前最應該關注的投資機會。比亞迪的王傳福在一次接受採訪時說，當時在創業時，發現中國經濟高速發展，產業發展門類日新月異，他們沒有去追趕熱點，而是沉下心來考察產業發展的「縫隙」，電池就是他們找到的一個絕佳的機會，當時就覺得這個產業可以做大，但是做到今天，沒想到公司可以做到這麼大。在技術為核心的產業中，投資人和創始人思考問題的視角是一致的，關注的重點都是未來的世界以及當前的機會，公司的戰略定位和對技術發展方向的判斷直接決定了公司未來能走多遠，這是這個類型的投資中最核心的課題。

以下我們列舉了在科技前沿最著名的專業投資人、業內前沿企業及企業家對未來世界的看法，他／它們描述的世界對於我們在科技行業的投資具有很好的啟發。

方舟投資

　　凱瑟琳・伍德（Catherine Wood）於 2013 年創辦方舟投資。作為創始人、CEO、CFO，她的投資績效非常突出，重倉特斯拉更是讓她名聲大振。她對未來科技投資的看法主要集中在以下 11 個方面：

1）深度學習。深度學習正在為下一代的計算平臺賦能。20 年間網際網路大約為全球股權市場創造了 10 兆美元的市值。伍德認為深度學習在未來 20 年有望創造 3 倍於網際網路的市值，達 30 兆美元。

2）串流媒體。世界正從內容為王、通路為王到「內容＋通路」為王。雲端遊戲也將出現爆發式增長。雲端遊戲有望奪取遊戲機和 PC 遊戲的市場份額。整個串流媒體市場的複合增長率可達 35%，收入將從 2019 年的 860 億美元增長至 2024 年的 3,900 億美元。

3）電動車。伍德認為按照萊特定律（累計產量翻番，電池成本將下降 18%），電動車的成本已經接近汽車。未來 5 年電動車的複合年增長率將達 79%，至 2024 年電動車銷量可達 3,700 萬輛。

4）自動化。工業機器人（製造）、服務機器人（物流、真空吸塵器、快遞機器人、護理助手）與自動化系統（飯店、生產線）均屬自動化範疇。預計 2024 年美國自動化產值可達 8,000 億美元，2035 年有望達 12 兆美元。

5）3D 列印。3D 列印是一種在電腦控制下層疊原材料，製造出物體的增材製造形式。預計 3D 列印的規模將從 2018 年的 970 億美元增長到 2024 年的 9,700 億美元，複合年增長率達 65%。

6）無人車叫車應用（Autonomous Ride-Hailing）。機器人能讓任何人和物的點對點運輸成本降到叫計程車的 1/10。無人車叫車有

望成為城市地區的主流，擁有汽車不再是個人的首選，新的商業模式將會出現。

7）無人機。無人機在物流與食品甚至人的遞送方面具備成本更低廉、更便利的優勢。預計到 2030 年，無人機配送平臺有望創造約 2,750 億美元的配送收入，390 億美元的硬體銷售收入，以及 120 億美元的地圖收入。

8）下一代 DNA 測序（NGS）。NGS 是基因革命背後的驅動力。NGS 將變革臨床腫瘤治療。未來 5 年預計 NGS 收入的複合年增長率可達 43%，從 2019 年的 35 億美元增長至 2024 年的 210 億美元。

9）生物技術研發效能。NGS、AI 以及 CRISPR 基因編輯的結合有望縮短藥物研發週期，降低失敗率，提高研發的回報，令生物科技的研發效能大幅提升。而研發效能的提升有望在未來 5 年內為醫藥醫療公司增加 9 兆美元的市值。

10）數位錢包。

11）比特幣。

邦德資本

　　瑪麗・米克是現任風險投資公司邦德資本（Bond Capital）的普通合夥人，曾任摩根士丹利公司的首席分析師，1995 年，成功地將網景推入市場使得她聲名鵲起。1998 年，她被《巴倫周刊》（Barron's）評為「網路女皇」，2010 年跳槽至風險投資公司 KPCB，後加入邦德資本。米克採用全域眼光以及自上而下的思考方式。大多數風險投資者的思維方式都是去想「為什麼這個生意無法行得通」，而不是想它會發展到多大，而米克的思考方式恰恰相反，她能夠敏銳地感知這個生意在未來是否有

巨大的發展空間，是否具有改變世界的潛力。她對未來的預測能力使其在行業內得到了投資人的高度認可，雖然在 2000 年網路泡沫破裂時，大部分的公司都跌幅巨大，也使得米克飽受爭議，但是其堅持己見，最終隨著市場的回暖，她的判斷得到了業界的認可。

2020 年，米克對疫情後的世界進行了展望，其核心觀點是關注疫情後科技主要的趨勢，包括：

第一，工作與生活再平衡。類似 ZOOM 這類視訊雲端會議程式徹底改變了辦公方式，居家辦公成為新常態，分布式辦公、利用網路「辦公司」逐漸成為主流。

第二，數位轉型加速。線上實體容易滿足消費者需求，因此在經歷疫情後將得到更大的發展空間。

第三，2020 年可能成為科技＋醫療的跨越之年，這次疫情暴露了醫療系統中的許多結構性問題。科技為醫療賦能，科技驅動醫療將成為未來醫療發展的一個重大趨勢。

第四，後新冠的新世界中，遊戲直播等應用場景開始進入社群或者商業應用場景中。

華為

華為結合各項公開趨勢數據及資訊通信技術產業發展情況做過一個預測：下一個 10 年，AI 將改變一切，連接數量將達到千億級，寬頻速度每人將達到 10 Gbps，算力實現 100 倍提升，存儲能力實現 100 倍提升，家用智慧機器人使用率超過 18%。2030 年，可再生能源占比超過 50%；電氣出行將成為主力，電動汽車銷量占比超過 50%；ICT 技術在未來 10 年內，有潛力透過賦能其他行業，幫助減排全球碳排放的 20%。

華為在 2021 華為全球分析師大會上，首次提出了未來 10 年的 9 大挑戰和研究方向：

1）定義 5.5G，支撐未來千億元規模的多樣性連接；

2）在奈米尺度上駕馭光，實現光纖容量指數級增長；

3）走向產業互聯，網路協議必須最佳化；

4）通用算力遠遠跟不上智能世界的需求，必須打造超級算力；

5）從海量多模態的數據中高效地進行知識提取，實現行業 AI 的關鍵突破；

6）突破范紐曼瓶頸，構建百倍密度增長的新型記憶體；

7）將計算與感知結合，實現多模交互的超現實體驗；

8）透過連續性的健康監測實現主動健康管理；

9）構建智慧能源網路，實現綠色發電、綠色儲電和綠色用電。

騰訊

馬化騰認為，行動網路將向「全真互聯網」升級，「又一場大洗牌即將開始，上不了船的人將逐漸落伍」。馬化騰認為，行動網路即將迎來下一波升級，我們稱之為全真互聯網。他認為，訊息接觸、人機交互的模式將發生更豐富的變化，線上線下一體化、實體和電子相融合，隨著 VR 等新技術、新的硬體和軟體在各種不同場景的推動，行動網路將迎來向「全真互聯網」升級。馬化騰認為，未來 10 年，AI 將進入高速增長期，智慧醫療是騰訊的發展重點。

綜合以上觀點我們不難看出，深度學習（AI）、醫療（智慧醫療）、新能源（電動汽車）等都是不同頂級專家共同關注的核心領域，未來的

科技創新都聚焦在這些核心領域，在這些領域必將出現強大的創新型公司，顛覆現有的競爭格局以及創造新的價值。對於科技創新領域來說，識別科技的主流創新方向至關重要，「在有魚的地方下網」對於科技創新公司極其重要。創新具有「長尾特點」，注定了科技創新引領的公司很多必將失敗，成功的畢竟是少數，這也是這個領域投資的魅力所在。對於創新方向的準確押注，即使不能精準在早期階段就識別哪家公司是未來的「真命天子」，只要有效地多點下注，最後的投資收益也將趨向於行業的平均水準。從科技行業的整體報酬率來看，無論是中國還是美國，最近 10 年資本市場的投資收益率都高於市場的平均水準。

如果下注的方向錯誤，其結果往往是災難性的。以日本為例，20 世紀 80 年代以後，日本政府希望在短期內使科技水準超越歐美。從 80 年代到 90 年代，日本政府先後策劃了兩次高科技衝刺，即第五代電腦計劃和高清晰模擬電視計劃。兩次計劃均以失敗告終，導致日本計算機技術與美國差距拉大。日本政府於 1981 年公布了一項雄心勃勃的計劃，要組織各大公司開發一種高智能計算機系統，稱為第五代電腦。該系統包括問題求解與推理、知識庫管理和智慧化人機接口三部分，類似於目前最熱門的 AI 技術的構想。日本政府嚴重低估了這項工程的難度。雖然所涉技術當時已有人在研究，但僅處於探索階段，前面的路還很漫長。日本政府竟打算用 10 年時間憑本國力量獨自完成。這項計劃從 1982 年開始啟動，到 1992 年，歷經 10 年，耗資 4 億美元，日本政府宣布計劃失敗。技術的發展具有其內在的發展規律，超前的做法或者不切實際的幻想不能替代現實的發展階段，即使過去了 30 年，日本當年的設想今天實現起來仍然非常困難。作為投資人，如果對重大的趨勢和技術發展規律判斷失誤，將陷入血本無歸的尷尬境地，這也是投資科技為核心驅

動的公司最大的風險因素。

「硬科技」需求是冰山可見的部分，不可見的部分才是關鍵

科技創新作為各國發展戰略重心，一直得到政策傾斜，以科技創新為核心的「硬科技」領域，需求是最容易被識別的公司發展的潛在著力點。在需求層面，在技術快速迭代的行業內，類似 5G 技術、自動駕駛汽車等核心技術突破能夠完全開啟一個新的時代，創造全新的行業，並激發出巨大的新需求；技術突破意味著對原有產業的顛覆，在醫療領域，新的藥物完全替代原有的主力藥品，甚至治療的方式也完全被顛覆，雖然整體行業增速不快，但是領先公司的增速遠高於行業的增速，直到完全替代原有的技術。

技術領先的公司憑藉技術優勢，快速擴大產能，形成規模優勢，同時，推動產業技術標準進一步提升，從而在相當長的時期實現對市場的壟斷，這是大部分硬科技公司典型的價值成長模式。

整體上中國在科技領域都處在跟隨和趕超的階段，所以在微觀層面，中國「硬科技」產業大部分領域跟國際一流的技術水準仍有一定的差距，這是中國「硬科技」公司的顯著特點。但是我們也看到，有些領域中國的科技公司跟國際水準已經接軌，強大的需求、技術的領先，以及中國產業鏈齊全、成本低的優勢得到了充分的發揮，在電池尤其是動力電池、無人機、網路攝影機、醫藥等領域，龍頭公司已經具有了國際競爭力，資本市場給予了充分的認可，早期的投資人也都收穫了幾千倍甚至上萬倍的財富回報，充分證明了「硬科技」創新的價值所在以及對於投資人的重要性。

但是需求邏輯並不能成為投資的唯一因素，只看需求甚至成了在「硬科技」領域投資失敗的主要原因。

　　投資人應該意識到，創新公司存在「創新者的困境」，我們將其定義為「硬科技」公司的第一類風險。在產業發展初期，當市場還沒有形成規模時，科技創新公司由於在研發上的持續投入以及需求不明朗而陷入財務困境。研發投資過晚顯然錯失良機，但是在需求還沒有形成，技術儲備還不足夠的時候大筆投入研發，也難見成效，甚至在 10 年乃至更長的時間內也無法取得進展，也許表面看起來已經取得了巨大的進步，技術的產業化已經就差一層薄薄的窗戶紙，但是就算只是最後的一層，也可能導致全盤皆輸，科技創新的不確定性和殘酷性就表現於此。近期一家上市公司宣告研發了 10 幾年的「B 肝疫苗」徹底失敗，這個項目一度得到眾多專家的認可，投資人也對此滿懷期待，但是在耗資巨大以及多年投入之後，最終的結果還是不盡如人意，「硬科技」的投資人跟公司一樣，需要在時間和資金上忍受煎熬。

　　國內醫藥行業近年來取得了長足的進步，目前至少從表面上看與國際頂尖技術之間的差距在迅速地縮小，在一些細分領域上國內企業的藥物研發技術正在彎道超車，趕超國際先進水準。同時，中國高齡化導致藥物需求日益增長，給醫藥行業提供了需求增長的外部環境。但投資人不能把需求的確定性增長簡單看作投資機會。應該看到，中國引進藥物的速度在加快，像癌症這樣的疾病，中國現在治療用的藥物和美國癌症病人服用的藥物之間的技術代際差已經不那麼大了。中國的專利藥面臨跟國際一流水準同臺競技的局面，真正的「硬科技」能力成為一家公司競爭優勢的根本。從新冠疫苗的研發也能看出，全球研究機構和公司都在跟時間競賽，股市上公司的漲跌就是這場競賽最好的裁判，公司的股

價往往根據一個研發的結果就產生巨大的震盪。中國企業在這場競賽中表現搶眼，在全球範圍內，也只有美國、英國、俄羅斯等強國具備在研發上的競爭優勢，未來，硬科技公司之間在研發上的競爭只會更加激烈，「創新者的困境」將成為尚未形成產業競爭方向的、以研發為核心的硬科技公司的持續風險和價值所在。

等到產業發展**趨勢**明朗，眾多競爭者進入行業，競爭加劇，初期勝出的公司並不一定會保持長久的競爭力，相反，可能在行業競爭中被淘汰出局，這是「硬科技」公司的第二類風險。現在很少有人知道王安電腦這個品牌，但是當年的王安電腦是美國行業霸主，連 IBM、微軟、蘋果這些今天看來的巨型公司在當年都把王安電腦當作最主要的競爭對手，其在美國一度保持領先的市場地位。但是，今天這個品牌早已灰飛煙滅，不復存在。科技創新的「硬科技」公司不但要面對創新本身的風險，還要在技術可行性和需求的不確定性之間走鋼絲，隨時都有掉下來的風險。即使幸運如王安電腦，已經在創新和需求之間找到了完美的平衡點，市場被證明存在大量的需求，隨著競爭對手的蜂擁而至，先行者也不一定是勝利者，先行者可能最早倒下，被市場所遺忘。

以光電行業為例，行業早期的時候，產業政策還不明朗，行業內公司盈利能力弱，行業競爭相對比較寬鬆，投資人在這個階段承擔技術和需求不明朗的風險。隨著新能源成為世界的主要潮流，國家的產業政策也明朗了，當行業整體基本越過盈虧平衡點的時候，大量公司開始湧入這個行業。行業進入激烈拼殺的產業進階階段，只有財務實力雄厚、技術迭代速度快的公司才能在慘烈的產業升級淘汰賽中生存下來，行業走向集中的過程就是大量公司被淘汰的過程。從產業整體來看，光電價格的不斷下降使得需求更加明朗。從微觀公司的角度來看，從產業初期到

現在，需求是真實存在的，只關注需求顯然是遠遠不夠的，因為我們投資的是股票，是某一家公司，其在不同的階段都面臨巨大的不確定性，不是簡單關注需求就能夠確保投資成功，很多時候投資人猜中了開頭，但是往往錯估了結局。

對於追趕者而言，並不是看到明確的技術趨勢和需求就可以穩操勝券，追趕者面臨長期陷入被動價格競爭的「追趕者風險」，這是「硬科技」公司的第三類風險。從晶片、顯示器、行動通訊等當代最重要的半導體、通信和顯示技術的發展可以看到，領先者一旦在行業早期站穩了腳跟，確立了競爭優勢，就具備了一種被稱為「先行者優勢」的基因。先行者可以利用行業優勢，不斷升級技術門檻，利用「摩爾定律」等加快投資和研發速度，從而在動態中保持在規模和研發兩方面的優勢，從而保持在行業內階段性的壟斷地位。等到追趕者跟自己的距離近到了「一代」的距離，就將落後技術大幅度降價，讓追趕者時刻處於巨大的財務壓力之下，追趕者的投資人在很長時間內可能無法取得合理的回報。

投資者通常還有一個誤區，認為政府支持的行業都會長期向好，政府鼓勵投資的產業方向肯定是好的投資機會，「以宏觀替代微觀」是硬科技的第四類投資風險。投資者投資的標的是上市公司的微觀個體，產業整體的成功跟一個特定公司的價值不是簡單的映射關係，因為國家對某個行業的支持或者扶持是從國家安全和產業立國的角度出發，但投資是從企業創造價值的角度出發，這兩者之間不是必然統一的，完全可以出現產業從弱小到具有國際競爭力，但是行業反而整體盈利能力下降，某些公司虧損甚至破產的情況。從改革初期的「三來一補」，以外貿為導向的製造業，到大規模基礎設施建設，裝備製造，重化工業的崛起，以及目前的科技創新為核心的國家戰略，產業政策都貫穿始終，在不同

的階段發揮了重要的作用。隨著中國經濟的快速發展，重點產業的更替也是一個顯著的特徵，因此，不能簡單認為政府扶持的產業永遠都會得到政策的照顧。

另外，隨著產業的發展，中國很多產業都出現了向頭部公司集中的現象，同時很多公司被淘汰，政策扶持也不能避免行業內激烈的競爭，只有競爭才會使產業的效率大幅度提高，所以不能簡單直接得出政策支持的行業值得長期投資的結論。以晶片行業為例，國際政治環境動盪導致中國技術和產品面臨「斷供」風險，中國產業發展必須要突破卡脖子的晶片技術，從政府政策來看，政府大力支持和發展這個行業，支持晶片技術發展的快速技術迭代。同時我們看到，國內晶片行業的技術水準和世界一流晶片的技術水準之間有著巨大的代際差，技術水準差別的背後是幾千億甚至上兆元的投資需求和超高強度的技術賽跑，國內的公司就處於追趕者的位置。

10 年前，中國的液晶顯示器行業也經歷了追趕的過程，在液晶顯示器領域，中國企業一直處於被動的跟隨狀態，但隨著顯示技術發展的速度逐漸下降，如今已趕上了國際先進水準。回顧產業發展歷程，只有真正有競爭力的公司最終才能享受到產業穩定發展的紅利，而不是每一家公司都取得了成功。就晶片來講，中國國內的主流技術水準現在處於28nm 階段，而國際一流水準已經到了 7nm，甚至 1nm 的技術也已出現。中國技術跟國際主流技術的代際差需要巨額的資金和大量的時間來填補，即使有政府政策的扶持，跟隨者的風險也仍是投資人面對的真實風險，只有真正的長跑冠軍才能勝出，而勝出的注定是少數。

網際網路為核心的新商業模式公司雖然也被歸類於科技創新公司，但它們不太符合上面說的這個規律。比如在行動網路打車行業，初期的

競爭很激烈，然後行業內的玩家數量越來越少，直至只剩下個別幾家行業頭部公司，形成寡頭或者壟斷，沒有新的參與者能進入這個行業。我們定義的「硬科技」公司，並不包括以行動網路為核心載體的新商業模式公司，它們宜歸類在新商業模式這種投資類型。

總體來說，投資者如果只看到有巨大的市場需求，但看不到未來的行業競爭格局，就會陷入我們定義的四類投資風險。要想避免這樣的投資陷阱，不僅需要從上往下看到巨大市場需求，還要從下往上看行業的競爭格局並深刻理解微觀公司的競爭能力，這樣才能把握「硬科技」公司核心投資邏輯。

量化思維：發現種子選手的篩子

「硬科技」公司存在四類投資風險，投資具有高度的不確定性，同時，科技行業整體的投資報酬率在近幾年一直保持非常高的水準，給投資人帶來了豐厚的回報。在一個失敗率高的領域投資，如何提高勝率和報酬率是投資人面臨的棘手問題。

因此，有必要引入量化思維，對數以千計的公司進行篩選。因為我們知道：①不是所有的公司都會成功，在「硬科技」領域，成功是小機率事件；②不能自下而上把所有的公司都研究一遍，因為科技包羅萬象，每一個細分領域都有其獨特的技術細節，如果每一個細分領域的每一家公司都研究一遍，成本無疑是巨大的，也是很難完成的；③技術日新月異，動態追蹤的難度往往大於簡單覆蓋研究的難度。因此，有必要透過數量化的指標，把公司分成好的公司和不太好的公司，這樣就可以有的放矢，大大提高投資研究的精準度。

　　美國芝加哥大學的金融教授尤金・法馬（Eugene Fama）教授，在 2013 年獲得了諾貝爾經濟學獎。法馬教授和另外一名教授肯尼斯・弗蘭奇（Kenneth French）共同合作提出的一個股票回報模型，叫法馬－弗蘭奇 3 因子模型（Fama-French three-factor model）。在這個模型中，法馬和弗蘭奇提出，美國歷史上的股票回報，很大程度上可以用 3 個因子來解釋。這 3 個因子是：股票市場總體回報（貝塔）、小股票超額回報，以及價值超額回報。法馬和弗蘭奇教授將股票的回報分解到因子的層面，這樣就把公司分層了，他們的研究揭示了什麼樣的股票可以獲得超額回報。

　　將法馬和弗蘭奇的研究進行延伸，針對「硬科技」的成長性公司，透過因子分析，也可以構建一條線，透過數據把更可能取得超額回報的公司挑選出來，這樣的「勝者」組合就具備戰勝指數的能力，這就是智能貝塔（Smart Beta）ETF 基金設計的核心邏輯所在。

　　在構建分開「勝者」和「敗者」之間的線時，量化機構往往選取成長因子衡量企業未來的可持續成長能力，常用營收、利潤的過去及預期增長率來表徵。成長因子相對更注重收入、利潤的成長性，因此其增長趨勢相比數值更為重要。成長因子中使用的指標包括過去 5 年的銷售增長率、過去 5 年的利潤增長率、未來 3 年的預測盈利增長率以及未來 1 年的預測盈利增長率。智能貝塔 ETF 基金產品就止步於此了，量化投資團隊不會深究被挑選出來的是哪個行業哪一家公司，以及這家公司的具體業務和技術，透過模型挑選的一整批公司比剩下的公司好，整體回報好就可以了，大數定律在這裡發揮作用，幾百甚至上千家公司整體成敗是此類投資的核心。目前世界上最大的策略基金就是一支成長策略基金，安碩羅素 1000 成長指數 ETF，規模達到了 416 億美元。羅素 1000 成長指數也不負眾望，近 10 年年化收益率達到 16.6%，高於羅素 1000 價值指數

12.26% 的年化收益率，這與 FAANG 等科技股的成長有巨大聯繫。

科技股往往上市的定價就比較高，同時股價波動幅度巨大，投資人往往在波峰波谷中喪失了對公司基本的判斷，股價跟公司業績增長之間的關係也是成長股或者說科技股投資人面對的一個核心問題。

GARP[*]策略可以合理解決科技股估值問題。投資大師彼得·林區（Peter Lynch）利用該方法在 1977 ～ 1990 的 13 年間創造了年平均收益率高達 29% 的傳奇業績，實現基金投資業績同業排名第一。

GARP 策略把估值高低的問題轉換成了「如果當前的估值是合理的，那麼公司業績需要保持怎樣的增長率」的問題。資本市場的價格大起大落，受到各種因素的影響，但是對於一個對科技公司有深刻理解的專業投資人來說，理解公司的增長以及增長可持續性比理解公司的股價要容易得多，因此，GARP 策略的應用是專業投資人的一把鑰匙。

智能貝塔和 GARP 策略給了我們投資科技股的一些啟示，即最終能夠成功的創新的公司，在其成長過程中，其財務數據或者其他的數據應該能夠反映出一些特徵，透過捕捉這類的特徵，就可以找到那些最終勝出的科技公司的線索。在科創板、註冊制的背景下，A 股幾乎每一天都會有公司上市，「硬科技」又是當前市場上市的主流，因此，如何在海量的公司中縮小範圍，把精力放在最可能勝出的公司上，篩選的標準以及篩選標準的有效性至關重要。當然，僅僅依靠簡單的財務數據以及大數據分析的方式來認識「硬科技」公司是遠遠不夠的，真正的王者除了在財務上表現出特異性，更重要的是其技術、人才、專利、客戶、銷售

---

* GARP（growth at a reasonable price）是一個混合的股票投資策略，目標是尋找某種程度上被市場低估，同時又有較強的持續、穩定增長潛力的股票。

等不能透過財務指標反映的核心要素上。透過篩選的公司在沒有其他資訊的情況下相對其他公司值得重點關注，但是那些隱藏在財務數據背後的「科技含量」才是真正需要識別的核心競爭優勢，這跟投資人自身的能力有關，所以說，量化的方法是一個篩子，幫助投資人縮小範疇，真正把精力聚焦在值得關注的公司上，接下來我們來探討那些隱藏在財務數據背後的成功的科技公司特徵。

硬科技：相同背景專業團隊比較容易成功

在車庫創立蘋果前，沃茲尼克在惠普，而賈伯斯在雅達利工作。當時的賈伯斯經常邀請沃茲尼克參與到雅達利的項目之中。賈伯斯在後來說服了沃茲尼克離開惠普，全職進入蘋果工作。作為蘋果早期最重要的工程師，賈伯斯和沃茲尼克相同的工程師背景使得蘋果得以成功。

諾伊斯和摩爾聯合創建了大名鼎鼎的英特爾，而此前，他們兩位跟其他的 6 個人，一共 8 位博士在肖克利半導體實驗室的工作，之後他們又共同加入了快捷半導體公司，相同技術背景的同事也是硬科技公司創業成功的一個範例。

mRNA 奠基者考里科碰到了免疫學家韋斯曼（Drew Weissman），兩人開始共同對 mRNA 展開研究，從而一舉突破技術瓶頸，開啟了一個全新的藥物研發體系。

總結：技術就是王道

只要有卓越的人才的團隊和專注於改變世界的技術，是否有清晰

商業模式和可靠的盈利的目標並不重要。英特爾、蘋果都是技術先進的高科技公司，美國矽谷走出來的大批硬科技公司，從肖克利半導體實驗室到快捷半導體公司，再到英特爾，包括後來的高通、思科、網景、特斯拉、SpaceX，可以看到由技術驅動的公司清晰的發展路徑。而到了蘋果技術加產品和商業模式為核心驅動的時代，使得硬科技公司更上一層樓，但是，始終，技術是硬科技公司的核心競爭力，投資人必須對技術高度重視，自身有豐富的技術背景知識支撐，否則就會陷入技術的海洋中，無法準確評估技術和公司的核心，從而無法在硬科技的投資中保證投資的精確度，我個人認為硬科技對於大部分投資人來說，還是門檻比較高的一類高風險的投資。

第十三章
硬科技：高風險下的
精準撒網

- 餡餅和陷阱
  - 今天的餡餅可能是明天的陷阱 ── 硬科技的技術突破具有高度不確定性

- 投資未來大趨勢
  - 投資未來 ── 凱瑟琳‧伍德的建議
    └ 深度學習／串流媒體／電動車／自動化／3D 列印／無人車應用
    ／無人機／下一代 DNA 測序／生物技術／數位錢包／比特幣

- 「硬科技」需求是冰山的可見部分，不可見部分才是關鍵
  - 需求在硬科技領域不能成為投資的唯一決定因素 ── 需要綜合考慮研發競手、技術趨勢、政策、產業競手等供給面因素

- 量化思維：發現種子選手的篩子
  - 利用數據把「勝者」和「敗者」區分出來
    - 1. 縮小目標範圍避免投資困境
      └ 困境 ── 不是所有公司都會勝出
        ── 技術包羅萬象，很難自上而下全部研究透徹
        ── 企業數量眾多，技術日新月異，追蹤成本高
    - 2. 參考指標／模型
      └ 成長類指標
      └ GARP 模型

- 硬科技：相同背景團隊比較容易成功
  - 可驗證的經驗 ── 蘋果公司的賈伯斯與沃茲尼克
    mRNA 技術的奠基者考里科與免疫學家韋斯曼

- 總結：技術就是王道
  - 1. 硬科技公司，技術就是王道 ── 卓越的人才
    專注於改變世界的技術
  - 2. 是否有清晰的商業模式、盈利目標在初期並不十分重要

國家圖書館出版品預行編目(CIP)資料

投資原力：布局 4 大類 10 年 10 倍股，用當代價值投資成就複利人
生／姜昧軍著 .-- 初版 .-- 新北市：方舟文化出版：遠足文化事業股
份有限公司發行，2023.03
　　面；　　公分 .--（致富方舟；5）
ISBN 978 -626-7291-04-7（平裝）
　　1.CST：投資學 2. CST：投資技術

563.5　　　　　　　　　　　　　　　112000566

方舟文化官方網站

方舟文化讀者回函

致富方舟 0005

投資原力

布局 4 大類 10 年 10 倍股，用當代價值投資成就複利人生
Mind Maps For Investors

作者　姜昧軍｜封面設計　萬勝安｜內頁設計　黃馨慧｜主編　邱昌昊｜行銷主任　許文薰｜總編輯　林淑雯｜讀書共和國出版集團　社長　郭重興｜發行人　曾大福｜業務平台　總經理　李雪麗　副總經理｜李復民　實體暨網路通路組｜林詩富、郭文弘、賴佩瑜、王文賓、周宥騰、范光杰　海外通路組｜張鑫峰、林裴瑤　特販通路組｜陳綺瑩、郭文龍　印務部｜江域平、黃禮賢、李孟儒｜出版者　方舟文化／遠足文化事業股份有限公司｜發行　遠足文化事業股份有限公司　231 新北市新店區民權路 108-2 號 9 樓　電話：（02）2218-1417　傳真：（02）8667-1851　劃撥帳號：19504465　戶名：遠足文化事業股份有限公司　客服專線：0800-221-029　E-MAIL：service@bookrep.com.tw｜網站　www.bookrep.com.tw｜印製　東豪印刷事業有限公司　電話：（02）8954-1275｜法律顧問　華洋法律事務所　蘇文生律師｜定價　400 元｜初版一刷　2023 年 3 月

本書透過四川文智立心傳媒有限公司代理，經機械工業出版社授權，同意由遠足文化事業股份有限公司方舟文化出版事業部出版發行中文繁體字版本。非經書面同意，不得以任何形式任意重製、轉載。